U0590163

知识生产的原创基地
BASE FOR ORIGINAL CREATIVE CONTENT

颉腾商业
JIE TENG BUSINESS

Collaborative Intelligence

协作智慧

[美] 马里亚诺·巴丹（Mariano Battan）
吉姆·卡尔巴赫（Jim Kalbach） 著

王维青 译

激发员工天赋　提升团队生产力

The New Way to Bring Out the Genius, Fun, and Productivity in Any Team

浙江教育出版社·杭州

图书在版编目（ＣＩＰ）数据

　　协作智慧：激发员工天赋，提升团队生产力 / （美）
马里亚诺·巴丹（Mariano Battan），（美）吉姆·卡尔
巴赫（Jim Kalbach）著；王维青译. -- 杭州：浙江教
育出版社，2024.4
　　ISBN 978-7-5722-7735-1

　　Ⅰ. ①协… Ⅱ. ①马… ②吉… ③王… Ⅲ. ①企业管
理－人事管理－激励－研究 Ⅳ. ①F272.92

中国国家版本馆CIP数据核字(2024)第077232号

Title: Collaborative Intelligence: The New Way to Bring Out the Genius, Fun, and Productivity in Any Team by Mariano Battan and Jim Kalbach

Copyright © 2023 by Tactivos Inc. All rights reserved.

This translation published under license. Authorized translation from the English language edition, published by John Wiley & Sons. No part of this book may be reproduced in any form without the written permission of the original copyrights holder.

浙江省版权局著作权合同登记号 图字：11-2024-091 号

协作智慧：激发员工天赋，提升团队生产力

［美］马里亚诺·巴丹（Mariano Battan）　　吉姆·卡尔巴赫（Jim Kalbach）　　著

王维青　译

责任编辑	赵清刚
美术编辑	韩　波
责任校对	马立改
责任印务	时小娟
翻译支持	云彬翻译社区
出版发行	浙江教育出版社
	地址：杭州市天目山路 40 号
	邮编：310013
	电话：（0571）85170300-80928
印　　刷	文畅阁印刷有限公司
开　　本	787mm×1092mm　1/16
成品尺寸	186mm×240mm
印　　张	11
字　　数	165 千字
版　　次	2024 年 4 月第 1 版
印　　次	2024 年 4 月第 1 次印刷
标准书号	ISBN 978-7-5722-7735-1
定　　价	89.00 元

版权所有，侵权必究。如有缺页、倒页、脱页等印装质量问题，请发邮件至 reader@jtkeji.com，联系调换。

长期以来，协作就如同大象，而我们就像是盲人，我们摸到大象的肢体却以为是整头大象。现在，我们终于在本书中看到了整头大象！马里亚诺和吉姆全面整合、探索了协作的方方面面，包括大家普遍关注的问题（沟通与信任），以及大家不太关注却同样重要的问题，从而为那些希望充分利用协作之力的领导者创作了一部必读之作。

——美国弗吉尼亚大学达顿商学院教授

珍妮·利特卡（Jeanne Liedtka）

团队协作一直是企业运营成败的关键。在这个 90% 的合作都是数字化的世界里，设计并创建新的虚拟协作方法已经成为我们的首要任务。如何才能完成这一任务呢？本书为我们指明了方向，它是每个想要创新和改变世界的企业家的必读之作。

——Play Bigger 顾问公司创始人兼首席执行官

阿尔·拉马丹（Al Ramadan）

协作是一种智慧，一种有关时间、空间、可视化、方法和关系的管理智慧，马里亚诺和吉姆正是我们学习这种智慧所需要的导师。

——畅销书作者、游戏风暴创始人
桑尼·布朗（Sunni Brown）

所有管理者都必须明白，仅靠协作是远远不够的，需要智慧的、目标明确的协作方法将人的潜力发挥到极致，这也是此书创作的意义。

——麻省理工学院斯隆商学院数字经济研究员
迈克尔·施拉格（Michael Schrage）

这本引人入胜的书提供了一系列的协作模式和案例，在充分考虑现代职场快速变革的基础上，为所有团队提供了更智慧、更有效的协作方法。

——《协作：如何在工作中建立绝佳的协作关系》作者
德布·马舍克（Deb Mashek）

作者将该领域的重要思想和珍贵资源凝练成一本简洁、易学、实用的指南，能够帮助各大公司挖掘全体员工的非凡潜力。强烈推荐！

——畅销书作者、未来主义者
罗斯·道森（Ross Dawson）

马里亚诺和吉姆就"什么是真正的协作"进行了开创性的研究，将多年来在该领域积累的丰富知识整合成了易于理解、令人惊叹的视觉材料。

——普瑞科（Precoil）创始人兼首席执行官
戴维·布兰德（David J. Bland）

这本书的出版再及时不过了。眼下，有效协作遇到了前所未有的挑战。马里亚诺和吉姆对合作的现状进行了深刻而批判性的审视，为明天的成功打造了一本战术书！

——乔·拉利体验设计创始人
乔·拉利（Joe Lalley）

许多高管和领导者已经意识到员工体验的重要性。他们认为，公司要提升业绩就需要进行真正意义上的协作。他们一定会在此书中发现新的契机。对于那些持怀疑态度的领导者，创造企业的美好未来需要你们抛开愚见，拿起这本书。

——《神奇会议》（*Magical Meetings*）作者
道格拉斯·弗格森（Douglas Ferguson）

在 XPLANE 公司，我们最喜欢一句话是"房间里最聪明的就是房间"。我们一次又一次地看到，最具发展潜力和突破性的创新都来自高效协作的团队。如果你同意我的观点，那么该书正是你发挥团队力量的战术书。

——XPLANE 公司首席执行官
艾瑞克·伍德（Aric Wood）

想在这个充满变革的时代实现自我价值，领导者需要重新设计协作方法，而不是保持过去的常态。对那些希望建立创新文化的人来说，本书是一张充满活力、极具价值的蓝图，而对那些想要激发团队创造力的领导者来说，它是一部必读之作。

——Slack 未来论坛副总裁
舍拉·苏布兰马尼安（Sheela Subramanian）

这是一本非常棒的书。它提供了培养创新协作思维所需的商业案例和模式。

——Interbrand 全球首席学习官和文化官
丽贝卡·罗宾斯（Rebecca Robins）

献给未来一代又一代的协作设计师

目录

协作就是创新

最近，一家独角兽教育科技公司的财务总监给我们分享了一个故事。他说，虽然他的公司在新冠疫情期间一直在运行，但他注意到一件不可思议的事：个人的生产力有了提升，但团队在制定战略和解决复杂问题方面，明显缺少了一些东西，结果团队的生产力下降了。

新冠疫情期间，团队很难找时间聚在一起解决复杂问题，导致协调不力，出现了返工、日程延误等诸多问题。最终，团队工作效率下降，难以达成共识，也无法树立信心。

他们也曾试图使用新的方法，不过这些新方法并没有完全解决问题，仿佛解决疫情负面影响的最快方法只能是回到办公室。

我们总能从客户那里听到这种办法——回到办公室，回到饮水机旁的员工聊天处。饮水机旁似乎是创新的摇篮，能够产生创意。至少我们是这样认为的，因为我们曾经在饮水机旁产生过非凡的创意，使公司发生了变革。可是，办公室真的如此神奇吗？还是说，它只是人们闲聊的地方？

对于创新，我们可以把它做得更好，也必须做得更好。

如今各大公司都在努力发挥创新的作用，这已经不是什么秘密了。有证据表明，首席执行官都希望拥有更领先的文化和更敏捷的团队。他们一直在为公司寻找青春之泉，却依然难以实现真正的创新。

许多公司试图将创新程序化，并因此产生了大量的创新模式和方法。他们有的用阶段 - 关卡 (stage-gate) 模型来描述创新，有的将创新视为一个有多个循环或阶段的周期，还有的给创新进行了分类，多布林（Doblin）就曾提出 10 种创新类型，认为每种创新都有自己独特的变革动力。

甚至还有人认为创新全靠运气，无法控制，也无法管理。就拿 3M 公司的一段黑历史来说吧，便利贴（post-it®）的发明竟然只是一个偶然。3M 公司原本是想制造一种超强的黏合剂，结果意外地发明了便利贴。

（剧透警告：便利贴的发明不是运气——它虽是一种副产品，却是好的协作环境的产物。）

顿悟不会总出现在饮水机的水龙头上，意外发现也不会总出现在乒乓球桌上，"啊哈"也不会总出现在走廊上。那么，当理论在实践中不起作用时，我们该怎么办呢？

事实上，创新既不是公式，也不是偶然，而是人和协作。

团队生产力

个人生产力

当团队共同解决实际问题、改进产品和服务、创造业绩时，就会产生创新。创新需要一个团队的努力，即彼此信任、相互比拼、进行原型设计和生产。创新需要团队将可能变为现实，共同努力想象更美好的未来，为创新的实现做准备。

创新需要的不是某一个"天才"，也不是实验室里的几个团队，而是所有部门以及所有处于业务流程中的团队的共同付出。

然而，在现实中，团队不但没有助力创新产生，反而被没完没了的会议所累。人们被困在一个房间或Zoom（视频会议）里，说得多，懂得少。有些会议甚至没有精心组织，结果一团糟。还有一些会议，议程安排得太满，没有给团队留出任何提问、探索或创意的空间。

眼下最严酷的现实是，团队被困于关系疏离的枷锁之中。每个人都看到也感受到了这一枷锁，但没有人知道该怎么办。

为什么关系疏离会降低工作效率

让我们看看日本新干线（日本高速列车）的清洁员是怎么做的吧。这些快速列车的速度每小时接近 200 英里（约 320 公里），其间隔却只有 3 分钟。在东京站，一个 22 人的工作小组，负责收拾一列可容纳 1000 个座位的列车，其工作包括擦托盘桌、更换座套、打扫卫生间以及收拾乘客留下来的垃圾。他们会在短短 7 分钟内完成所有这些工作，甚至更多。

然而在过去，情况并非如此。那时这份工作被认为是肮脏的体力活，员工士气低落、表现不佳，导致列车频繁晚点。

后来，哲西清洁公司（Tessei）推出了一项名为"新干线剧院"的项目。沉闷的制服被鲜红色的西装取代，公司允许清洁人员与乘客交谈，并鼓励他们赞扬同事的劳动成果。一旦完成火车上的工作，整个团队会排好队，在即将上车的乘客的掌声中一起鞠躬。

许多人会说，这是因为效率高、执行力强是日本的工作文化。他们的话没错，只是没有抓住重点——列车的速度加快、延误率大幅下降，是因为哲西清洁公司在人与人之间创建了一种关系链。这样，清洁人员之间的关系和他们与工作之间的关系都变得更加紧密，就连乘客也感到与铁路系统的关系更加紧密了——许多乘客开始自觉保持列车上的卫生。可以说，关系链推动了清洁工作的参与度，最终带来的是高效率，而不是不良的后果。

关系疏离带来的隐患

大多数会议，与其说是方法，不如说是疯狂，浪费了大量时间，最终成效甚微，导致人们疏远了自己的团队、工作或公司。依据凯捷管理顾问公司（Capgemini）的报告，全球平均56% 的人认为，远程工作让他们与同事之间的关系变得疏离。

各司其职是团队凝聚力的要素之一，但仅仅各司其职是远远不够的。人们在相互交往的过程中，可能会因为一些小事而变得疏离。一句轻蔑之言"我告诉过你啦！"或其他一些不经意的瞬间，都有可能产生积怨。结果，人们的合作意愿逐渐减弱，团队间的关系也慢慢疏远。

确实存在这样的后果：人们没有了存在感，失去了创意，最后每个人都备感失落。更糟糕的是，团队的协调性和参与度受创，缺乏明确的方向。本来组建团队是因为"团结力量大"，团队可以完成个人难以完成的大项目，现在团队却不战而败了。因此，关系疏离就意味着团队无法将工作做到最好。

管理层也看到了其中的利害关系，但他们仍旧将问题的解决寄希望于集体办公这一传统的一体化协作模式。的确，将团

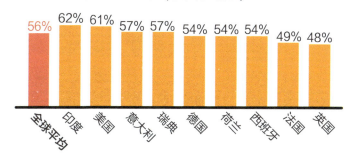

2020 年，全球因远程工作而感到与公司、同事关系疏离的员工比例（按国家划分）

队召集在一起面对面地工作也会增强联系，促进协作，然而这样做并非应时之举，因为集体办公这一团队协作方法已经过时了，仅仅把高智商的人聚在一起并肩作战是远远不够的。虽说一些工具和技术可以让我们保持联络，但不足以让我们保持紧密关系。

没有关系链就没有团队，没有团队，就难以创新。如果领导者不能解决团队成员之间的关系问题，他们的团队就无法竭尽全力工作，无法创新。关系疏离最终会导致公司隐患重重。

什么是关系链

团队是由人组成的，他们之间的关系直接影响着协作的性质和质量。这并不是说同事之间需要成为朋友，或将彼此视为"家人"。工作中会存在各种各样的关系，人与人之间的关系对有效协作至关重要，因为工作具有社会性，融洽的团队关系是团队高效运行的基础。

不过，关系链的意义远不止于此。如今，越来越多的人开始追求更高的目标，希望在工作中与他人保持紧密关系。比起加薪，他们更愿意优先考虑公司的目标。现在，目标导向型公司对员工的吸引力更大，人员的稳定性也更高。

我们也可以将关系链延伸到人们与社会、自然和地球之间的关系上。这些关系对我们现在所谈的话题也很重要。

此外，工作与生活之间也存在关系链。长期以来，我们一直将两者分开，并努力寻求两者之间的平衡，我们假设它们之间没有关系，但我们赖以为生的工作也是生活的一部分。2021 年的"大辞职"，在一定程度上归因于人们对生活的回归。这也说明，未来的工作会决定未来的生活方式。

关系链还能激励我们前行，这一点千真万确。不相信我们吗？这一思想的创造者贾米尔·扎基（Jamil Zaki）的话就是我们的有力证明。贾米尔是斯坦福大学的心理学教授，他曾说，对他人友善有助于人与人之间建立更紧密的关系，反过来，紧密的关系也能激励人们为自己和世界做更多的贡献。可以说，紧密的关系不仅能够帮助人们与同事舒适地相处，而且能够

激励人们竭尽全力地工作。

建立了关系链就意味着相信彼此，相信我们可以一起把工作做好。如果创新来自与众不同的结合，那么将不同的人、不同的创意以及不同的观点有机结合起来的能力，就是实现创新的关键。

协作，就现在

的确，职场协作的研究已不是什么新课题，有关研究可以追溯到几十年前，而且长期以来咨询公司一直致力于改善团队的协作，市面上也出现了各种协作软件和工具。现在欠缺的就是，将不同层面（团队、工具、技术、领导力等）的协作有机结合在一起。

和他人关系疏离、只在领薪水时才露面的员工，永远无法充分发挥自己的最大潜能，只会降低整个公司的创新力。许多团队沉浸在实时虚拟现实交互技术中，热衷于使用电话会议、微信等类似的联系方式。其结果似乎是，联系方式越便利，富有成效和创造价值的团队协作就越难以实现。

在 2009 年《哈佛商业评论》题为"为什么团队会失败"的采访中，研究团队协作的先驱理查德·哈克曼（J. Richard Hackman）说："研究一致表明，尽管现在团队拥有更多的资源，他们的业绩却不佳。这是因为团队协作出现了问题，导致团队协调能力和工作动机减弱。"

本书旨在让大家在新协作时代，建设一种健康的协作文化，改善疏离的关系，让团队协作变得更好。现在是时候让协作为你服务了。

让协作成为竞争优势

值得庆幸的是，目前已经有明显的迹象表明，协作智慧已经开始发挥作用。来自美国国际商用机器公司（IBM）、欧特克（Autodesk）、思爱普（SAP）、博思艾伦（Booz-Allen）等知名公司的数百个团队已经从本书的基本原则中受益。我们有幸见证了优化协作所带来的诸多益处，如：

提高团队生产力。优化协作可以将协作中常见的陷阱减到最少，从而使团队更快地完成更多的任务。仅仅提高个人生产力是远远不够的，团队生产力对于完成重要项目更为重要。

改善员工体验。"大辞职"表明人们在职场的舒适感遭到重创。我们的协作设计艺术不但可以指导团队彼此建立关系链，而且可以指导团队与更广层面的公司建立紧密的关系，从而使员工获得更多成就感以及被包容的工作体验。

提升客户满意度。只有协作得更好，团队才能给出更好的解决方案，从而更好地为客户服务。因此，包括顾问、客服和销售员在内的一线员工，需要懂得如何与团队其他成员或客户处好关系。一旦他们学会协作，每个人都会受益，包括客户。

改进协作不但可以使团队全面受益，还会带来实实在在的业绩。团队的有效协作可以缩短产品上市时间，提高创新质量。

总之，显著地提升协作水平不仅有助于企业的发展，而且可以增强人与人之间的沟通与合作。我们相信，关系智慧的核心技能以及解决问题的指导方法是建立人与人之间关系链的催化剂。我们坚信，关系链能够带来更大的创新，创造更美好的社会。

全面展开协作

我们站在伟人的肩膀上才有了今天的成果，还有很多人正在专注如何更好地协作，我们也赞赏并感谢所有在该领域开辟新道路的研究者和从业者。我们在本书中提出对协作问题的思考，总结过去十年对客户的研究经验，阐述协作智慧的几大关键要素，对新协作时代所有领导以及团队成员提出要求，希望解决人们关系疏离的问题，也希望你能够根据自己的实际情况综合考虑这些要素。

第一章提出了协作的核心原则，协作系统的其余部分将围绕这些原则展开。第二章探讨了建立并有效处理人际关系的能力。任何团队都需要这种能力，它是高效协作的基础。

在此基础上，第三章介绍了一个促进团队内部和团队之间从容协作的新方法，即协作设计。协作方法（第四章）讲述的全部是团队有效解决问题的练习、方法和技巧。这种基于指导方法的协作可以使团队协作既有效又有趣。第五章切换到对协作空间的探讨。事实证明，环境的质量和特点直接影响团队协作与产出的质量及特点。你们一定要密切关注协作发生的条件和空间。

今天，任何团队成员都将进出不同的时间工作模式：远程异步工作、现场同步工作以及各种介于两者之间的时间混合式工作模式。为了让人们从更灵活的视角了解未来的工作，第六章提供了一个参照标准。

我们认为，协作可以而且应该被测量，这样才能得到提升。对协作的 360 度

审视不仅可以直接衡量团队协作是否健康，而且可以指导团队在未来进行更健康的协作。为此，第七章阐释了协作评估，展示了从团队互动中获得的一系列指标和数据。

各大公司迫切需要马上采取行动，制定协作策略，进行自上而下的变革，所以第八章将帮助领导者学习如何科学有效地帮助团队展开大规模的协作。

我们提出协作智慧的目标很明确：希望全球各类型和规模的公司发起一场活动，以建立更有效、更健康的团队协作。我们认为，让团队协作获得更有意义的工作体验，势在必行。

如果你觉得改变协作方法是可行的、显而易见的——欢迎你加入这场活动。

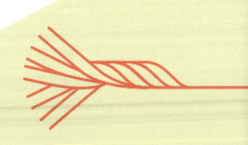

推荐阅读

协作智慧的社区空间

你在这本书中读到的参考资料都源于我们最受欢迎的相关

著作，而且在每一章的结尾，我们都会推荐一些优秀著作。

1

第一章 **协作原则**

与团队中的"天才"保持紧密联系

如果足够幸运，你肯定体验过团队协作的感觉：目标明确，团队成员对彼此的能力充满信心，仿佛他们只要肩并肩协作，就可以征服整个世界，即使面对诸多挑战也是精神振奋、士气高昂。失败了就当是一次经验教训。疲倦时，团队成员会互相扶持；成功时，团队成员会一起庆祝。

然而，在实际工作中，这样顶级的体验却十分罕见。大多数情况下，人们在公司里更有可能感到迷茫，看不清"大局"，无法在主流文化——一种缺少交流的文化氛围中有所作为。

打破会议常规

让我们以一家大型企业的产品设计师莎伦（Sharon）为例。最近，有一个备受瞩目的新项目，将她和公司里其他高智商、有才华的人聚在了一起。他们还没见面，情绪就高涨起来，因为随便看一眼名单，就会发现许多熟悉的名字。这些人可是创新的高手，成功的典范。参加这个项目肯定会趣味十足，甚至有机会创造出非凡的业绩！

领导们也急不可耐地与团队分享他们迫切的心情，并明确表示他们对该团队寄予了厚望。一向沉着冷静的莎伦，也因这一消息而信心大增。仔细观察这个团队，每个人都曾在工作中取得过辉煌的业绩——还能有什么问题？

前两次会议尽管没有取得多大进展，但是团队成员个个充满热情。然而，第三次会议进行还不到 5 分钟，所有的礼貌都烟消云散了，有些声音变得越来越大，还有些声音变得尖刻，有些人干脆沉默。一部分人在程序问题上争论不休，另一部分人则相互争辩。结果，会议氛围变得极其糟糕。当会议接近尾声时，莎伦的内心开始失落，因为他们竟然没有向目标迈进一步。

后来有人建议更换应用软件，于是他们尝试了 Zoom、Slack 等类似的视频会议，结果却无济于事，仿佛团队之间的互动工具越多，能够创造价值的协作就越少。

所有的团队成员都才华横溢，为什么团队生产力却如此低下？

我们都体验过这样的窘境：讨论变成无休止的争吵，同事们只顾表现自我；人们脱离了团队，失去了创意；团队失去了协调能力，只剩下挫败感；最后期限越来越近，工作却很少有进展或根本没进展。

在不开会的间隙，我们可能会竭尽全力地寻找"如何更好地开会"的方法，希望通过"制定议程！打磨报告！抓住每个人的行动计划"来提升会议效果。然而，这样做还远远不够。虽然会议的基本常规很重要，但它不能代替周密的计划，也不能代替领导力和企业文化。无论一个群体多么有才华，都需要从一开始就有明确的目标和专业知识，以组建高度协作的团队。

莎伦坚信，这样一支团队不可能搞砸项目。于是，她着手打造一种目标明确、周密翔实、将运气从协作方程式中移除的方法。

考虑到会议时间的有限性，她精心设计了一系列能够建立信任、充分发挥每个团队成员潜力的活动。她还选择了行之有效的方式来指导团队互动，吸引团队成员参与其中，并忘我地将全部精力投入到工作中。

莎伦这种打破常规的做法给团队成员带来了新的体验，增强了团队成员之间的友谊。她带领团队成员感受了一系列精心设计的体验或方法，并从每个人身上汲取了看法和见解。就像拖球跑比赛（每个人都克服既定的障碍，整个球队就会赢得比赛），莎伦选择的方法激活并增强了团队的潜能。

计划奏效了！讨论的时间变长了，每个人都自愿加班。然而，整个团队并没有因此而感到疲惫不堪、缺乏灵感。相反，

他们充满活力、思路清晰、专心致志。这些才华横溢的人组建成一个真正的团队，运转起来了。

莎伦的收件箱里填满了信息，甚至还收到一封长长的电子邮件，专门感谢她"创造了一个让每个人都被倾听的空间"。看着屏幕上回放着团队努力工作的视频，她如释重负，因为团队获得了无可争辩的好成绩。

集体的讨论变成了初步的路线图，变成了未来一周要共同完成的任务。团队共同创造出一个展现团队协作和进步的视觉资料。莎伦的团队在沮丧、犹豫不决两个月之后，在不到一周的时间内就达成了一致的行动计划，工作效率提高了近十倍。

艾比是莎伦的经理，这一成功案例自然也引起了她的关注，只不过艾比并没有感到惊讶，因为作为她最优秀的员工，莎伦在严峻的形势下取得胜利是她预料之中的事。她没有想到的是，她现在必须接替莎伦这位出色的员工的工作，因为莎伦入职了一个能给她带来更多价值感和成就感的新公司。在离职谈话时，莎伦表示，虽然团队的成功让她感到很欣慰，但团队中普遍存在的机能失调现象让她感到很失落。

更智慧地协作

目前，虽然一些工具和技术可以让我们保持联系，但不足以让我们保持紧密的关系，所以仅仅把最有才华的人拼凑在一起是远远不够的。谷歌的研究表明，与团队成员相比，团队协作对创新和成果的产出更为重要。无论你是负责生产、设计、策划、信息技术、咨询，还是变革或居于最高管理层，只要你的公司不能进行有效协作，你的优秀员工就无法竭尽全力工作，甚至可能为了更好的工作体验而离职。

公司付出的代价是惨重的，远比你想象的糟糕。有估算显示，毫无意义的会议使公司的损失高达 5420 亿美元。还有估算显示，高达 85% 的员工时间浪费在低效协作上。然而，这些损失的成本仅仅只是冰山一角，因为高效协作文化的价值难以估算。因此，只有懂得如何有效协作，公司才能有更快的发展和更多的创新，才能更好地服务客户。

尽管协作的现状不容乐观，但我们决不能放弃希望。然而，实现协作的提升不能只寄予希望，还应该在整个公司进行系统的部署。Mural 是一家提供团队协作手段和方法的供应商。通过对该公司客户——不同行业数千个团队的观察，我们整理了一套高效提升业绩的工作方式，并将其称为协作智慧。

协作智慧是一套全方位指导人们协作的方法，旨在促进团队内外所有成员建立关系链，从而发挥他们的集体天赋。团队的有效协作可以提升生产力，提升创新质量，而大幅度提升协作质量不仅有助于公司的发展，而且能够帮助人们更好地进行交流与合作。

协作智慧让我们打开想象的源泉，助力实现真正的创新，它可以改变世界。

协作原则

1
团结力量大

2
没有关系链就
没有团队

3
协作不应靠运气

4
协作空间为关系
紧密的团队提供
动力

5
测量协作是可
能的，也是必
不可少的

原则 1：团结力量大

协作是指多个个体共同努力，以完成个体难以完成或不可能完成的任务。

协作是从简单沟通开始的、最高水平的大规模合作：

沟通（communication）甚至不需要共同的目标，也不需要一起工作。实际上，沟通往往是单向的，没有互动或对话，只是向他人传递信息。

协调 (coordination) 发生在拥有共同目标但不一定互动的群体中。

合作 (cooperation) 要求参与者不仅有共同的目标，还要对彼此的业绩负责。群体可以在不理解彼此观点的情况下合作。

协作 (collaboration) 是指具有相同的坚定目标且彼此之间相互扶持的团队合作。当个体以这种方式紧密连成一个整体时，他们接受并学习彼此的观点，从而使整体大于各部分之和。

协作是一种心态，是一种愿意团结起来解决问题，并参与共同创造的开放意愿。在协作中，交易式的工作方式变成了人际关系建立的衍生方式，随着团队进行思想和信息的共享、迭代和改进，人与人之间的界限会变得模糊，最终创造出任何个人都无法创造的成果。

托马斯·爱迪生并非躲藏起来解决所有重大问题（他有一群"伙计"与他一起工作、交流想法、改进创意）。无论是在实验室、田野、教室还是在 Zoom 视频会议中，两个（或多个）人的主意总比一个人的好。总之，团结力量大，棘手的问题最好由团队来解决。

沃顿商学院运营、信息和决策方面的教授邓肯·瓦茨（Duncan Watts）对这一理论进行过验证。他和他的研究团队进行过一项实验，即指导多个个体和团队完成任务。结果，虽然团队得到的结果与个体相同，但团队率先完成了任务。"有趣的是，我们发现团队的真正优势是效率，"瓦茨说，"团队的速度更快，想出的解决方案更多、更快捷，而且团队探索的空间更广，探索到的可能性更多。"

是什么让团队力量大于其各部分力量之和呢？这是因为个体会受限于自己的经历和思想，而团队是一个综合体，拥有独特的背景、观点和创意，一个想法会触发另一个想法的产出，一个观点会挑战另一个观点，从而引发团队成员间的讨论，激活集体的潜能，让一切皆有可能。

原则 2：没有关系链就没有团队

不是仅仅因为有人称一群人为团队，这群人就是一个"团队"。团队可不只是一群人这么简单。

当你成为团队的一员，你会感到团队的存在——同志间的情谊、彼此的信任和责任，以及成为团队成员之后的那股强大的力量，这就是关系链。

团队需要关系链，没有它就没有团队。团队可以无拘无束地提出想法、解决问题、表达顾虑、抓住机遇。

我们说话是为了被倾听，我们倾听是为了理解他人。

讽刺的是，过多的协作方法只会加剧关系的疏离。为什么我们的团队拥有了更多的沟通渠道和方式，运行起来却更加困

难了呢？因为建立人与人之间的关系链不能单靠技术。

建立关系链需要花时间，还需要为之营造良好的环境。此外，仅仅在一年一度的团队建设活动中这样做是远远不够的，你还需要长期坚持，因为信任和关怀这两种人类情感不是存在于真空中，而是存在于与他人的关系中。

在协作中，你还需要关注人的问题，如个人问题、人际关系问题，因为它是团队基本操作系统的组成部分。关系智慧就是建立并驾驭良好人际关系（只要一群人聚到一起就会产生）的能力。

原则 3：协作不应靠运气

产品设计不能只凭运气，企业策划不能只凭运气，重要工作也不能只凭运气。

那么，为什么一提到协作，人们默认的策略就是把人聚在一起，然后期待最好的结果呢？

许多领导寄希望于"饮水时刻"和走廊争辩，他们采用各种新颖的方法设计办公空间，希望最大限度地提高协作的自发性和偶然性。在新冠疫情期间，实体办公室被数字化空间所取代，这些寄希望于偶然的传统方式已经行不通了。人们的关注点从"在哪儿工作"变成了"怎样工作"。各大公司纷纷采用最先进的手段和技术来支持团队协作，然而效果远不尽如人意。

为什么呢？因为团队协作需要共同的参照点、共同的空间以及共同的工作方式。数字化使协作在任何地方都成为可能，但它不会自动产生这些共同的东西。随着工作继续转向数字化

领域，设计如何工作（不是在哪儿工作）变得越来越重要。

有意识地进行团队协作和设计团队合作需要一套新的方法。协作是一个涉及广泛的根本性问题，值得我们建立一套方法——协作设计。

协作设计师让整个协作过程带有很强的目的性，能激励团队进行联系和创新。协作设计的这套方法直接针对现在许多人所面临的孤立和关系疏离问题。该套方法利用关系智慧，满足团队的心理需求。同时，它使用幽默且具有启发性的视觉思维方法，能将团队的创意从想象变成现实。

依据设计思维、敏捷方法论以及其他开创性的引导技术，协作设计给出了一套行之有效的工作方法。

与其设计办公空间，不如设计协作体验，让团队成员一起把工作做好。

原则 4：协作空间为关系紧密的团队提供动力

数十年的研究表明，成功的协作需要恰当的条件。那么，协作的恰当条件有哪些呢？

公共空间。公共空间可以是物理空间，也可以是数字化空间。两者通常同时存在。

最重要的是，专门构建的协作空间，能为团队提供合作所需的、方便实用且具有包容性的场所。这样的空间能增强团队成员的力量，并接纳他们的不同。因为任何一个团队成员被环境排斥，团队就无法充分发挥自身的潜力。此外，协作空间还能减少偏见，增强团队的冒险精神，鼓励团队成员勇于奉献，使人们在轻松的环境中发挥创意和想象力。

公共空间为团队提供可以共享的参考标准。在公共空间里工作的团队，不但可以轻松地使用沟通渠道，而且可以共同创造共享现实。

动态沟通。尽管现在的沟通工具很多，但是现代团队依然难以进行有效沟通。这是因为，电话、电子邮件、聊天软件、视频电话、文件等，都在无意间对沟通进行了独特而严格的限制。一般而言，使用某一特定的沟通方式所产生的压力，或者同时使用这些沟通方式所产生的压力，会导致信息混乱。

现在，人们需要自由地进行动态沟通：使用任何最适合个人和沟通内容的方式，亲切而委婉地分享想法和见解。动态沟通可以是在便利贴上记下某个单词或想法，可以是图表或直观的比喻，也可以是两者兼而有之的方式。不管是哪种，动态沟通的方式都要与团队的实际需求相符，能够表达从未说出的想法，使分享的信息被质疑、被调整，进而被理解。

团队时间。 协作是需要花时间的，它意味着两个或多个人在一起工作。团队一起工作的时间十分珍贵，因为时间是一种有限的珍贵资源。然而，并非每个团队成员都能同时进入团队，因为现在的工作形式很多，如同步、异步、面对面、远程、混合型等。工作形式的不同，加之时区、工作量、其他需求等方面的差异，需要人们精心管理一起工作的时间，因为时间太宝贵了，绝不能滥用。

我们可以将团队时间分为同步协作时间和异步协作时间，以获得更有成效和包容性的协作体验。然而，要充分利用动态工作的时间，还需要一套特殊的技能。

我们发现，沟通中最大的敌人是沟通中的误解。

——威廉·怀特
（William Whyte）

原则 5：测量协作是可能的，也是必不可少的

目前，你的公司投入到会议上的费用是多少呢？假设你有 1 万名员工，他们 50% 的时间花在会议上。如果他们的平均年薪是 10 万美元，那么你每年的会议投入就是 5 亿美元。投入资金这么多，所以估算投入的资金不再是可有可无而是一件必须为之的事情。

为了打造一套适合团队和公司的协作方法，我们首先要测量协作的数据，观察并分析走势，并从中吸取教训。现在，越来越多的协作是在数字化空间里开展的，因此我们积累了丰富的有效协作数据。然而，这些数据并没有得到充分利用。我们相信，在负责和尊重隐私的前提下，协作评估可以将团队协作的原始数据转化为可操作的智慧。

通过测量协作各方面的数据，我们可以获得不同层面的协作评估结果。

 **个人层面**。协作评估有助于个人更好地了解和评价自己的协作表现，评估自我提升的具体行为。

 **团队层面**。对于 10 人或 10 人以上的团队，匿名的综合性协作评估有助于衡量和改进团队的内部协作。例如，在一次研讨会或会议之后，团队可以了解人们的参与度以及方法的使用情况。

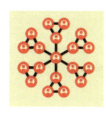 **公司层面**。通过这类评估，公司可以了解团队之间的联系和互动方式。例如，匿名的协作评估可以从总体上为协作提供建议，甚至可以显示哪些团队最有可能提出新颖的看法。

 **生态系统层面**。最后这类协作评估有助于发现协作设计的全球趋势，深入了解工作方式的改变对协作的影响，探索如何更好地进行外部协作。

开启新协作时代

几十年来，研究人员和从业者一直在努力探寻更好的协作方法。我们也梳理了过去 40 年有关协作的数十个重要资料，并在此基础上初步研究了该领域的数十位工作者和思想领袖。

协作不是开毫无意义、无休止的会议，也不是浪费时间去演讲。真正的协作不是偶然的结果，不是目的，而是达到目的的手段。你必须充分了解公司的协作方法才能创新，才能出色地完成工作，才能让产品上市，才能得到你想要的结果。

改变很关键。要使公司更具创新性，领导者需要以更明智的方式指导团队工作，员工需要学习新的工作方式，每个人都需要关注：什么样的协作才能带来创新。

现在的协作方法已经发生了巨大的变化。为了跟上新协作时代的步伐，团队应该更快捷、更高效、更灵活地协作，在工作和生活中创造更美好的未来。

推荐阅读

艾米·埃德蒙森（Amy Edmonson），《团队合作》（*Teaming*，2014）

作者埃德蒙森向我们证明了团队合作是动词而不是名词。这本书以广泛的研究为前提，以实际案例和团队合作原则的应用为基础，给出了很多真知灼见。埃德蒙森对心理安全的研究特别深入，具有重要意义。因此，此书被视为该领域研究的重要参考资料，经常被人们引用。

理查德·哈克曼（Richard Hackman），《领导团队》（*Leading Teams*，2002）

这是一本协作方面的经典著作，不要让出版日期迷惑了你：现在这本书依然充满活力，具有重要意义。哈克曼在书中对协作核心要素的界定对后来的协作模式，包括我们的协作模式产生了巨大的影响。

丹尼尔·科伊尔（Daniel Coyle），《文化密码》（*The Culture Code*，2018）

这本畅销书以一种全新的方式，揭开了团队和团队建设的神秘面纱。它深入探讨了推动文化发展的核心要素——人。科伊尔主要阐述了团队进入下一层级协作所需的三项技能：建立安全感、分享不足和确定目标。从海豹突击队到艾迪欧公司（IDEO）再到圣安东尼奥马刺队，作者提供了非常实用的案例和证据。

多夫·塞德曼（Dov Seidman），《为什么我们做事的方式决定一切》（*How: Why How We Do Anything Means Everything*，2011）

著名作家、企业带头人多夫·塞德曼通过令人信服的案例，说明了工作方式的转变，以及为什么转变工作方式将成为巨大的竞争优势。他认为，让你与众不同的不再是你做什么，而是你如何做。

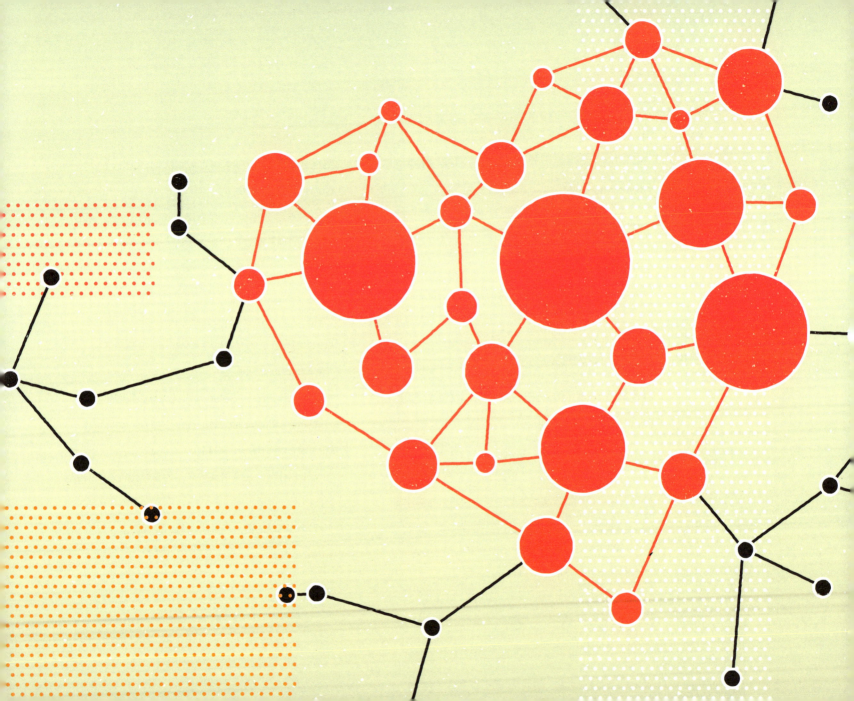

2

第二章 关系智慧

协作中人的问题

在同一家娱乐公司工作了将近17年，费尔南达（Fernanda）第一次喜极而泣。

她为什么这么高兴呢？因为一个庆祝全球品牌重新上市的大型现场活动被取消了。在这以前，这位在巴西工作17年的职场老手和她的整个团队，一直在负责这次新产品的发布。当然，该团队所属的整个公司，也一直在为这次新产品的发布做准备。

现在，她的工作脱离了正轨，她却感受到前所未有的团队归属感，而且她现在感觉与团队的关系更加紧密了。为什么呢？

以往，公司都是在现场做这种类型的大规模推广活动，认为面对面的方式更高效，人们的关系会因此变得更紧密。他们曾支出大量的费用，让员工从世界各地飞到一起。他们这样的做法似乎非常合乎逻辑，却忽略了很大一群人，即那些身处不同时区、没有坐飞机赶来参会从而只能参加电话会议的人。由于公司的规模很大，现场开会就意味着大量团队成员被排除在外。

十多年来，费尔南达目睹了这一状况：时差意味着她和她的团队收到集结令时，通常已是新加坡的深夜，而且她那个非常喜欢发表意见的团队往往会变成"互动"的观察者。

后来，新冠疫情改变了团队的协作方法。

由于旅行和集会的限制，该品牌重新上市的发布会首次放弃了在现场举行，完全采用了远程异步的形式。能够在那些充

满挑战的日子里举办一场这样的活动，公司感觉很满足。

结果，在他们协作的过程中，出现了一件让人意想不到的事情：以往离活动地点远的人，他们的参与人数急剧增加。来自不同地区、不同类型的团队的广大人士，感觉他们彼此之间以及他们试图解决的问题之间的关系更加紧密了。更令人欣慰的是，这群人的观点、背景和地理位置更加多样化。随着活动所包含的声音越来越多，新颖的想法和观点更加多样，内容也更具全球意义。有了关系更加紧密的团队，即使团队分布在世界各地，他们产出的速度和质量也会得到大大的提高。

费尔南达发现，在这样的活动中，她能够更好地利用自己的专业知识，而她的团队也能越来越多地参与到全球协作之中，且表现更为出色。对于这种提升，我们不能完全将其归功于更好的视频会议技术。所有的团队都以同样的方式协作，没有一个团队比另一个团队遥远，也是提升的重要原因。这一切给了费尔南达一种归属感。

她说："在我的职业生涯中，我第一次感到自己有了一席之地。"

这不仅是因为运气，还因为团队领导加紧设计了一种目的明确的协作体验，为身处异地的费尔南达创造了融入的条件。事实证明，当团队创建了关系链并使团队成员获得归属感时，其积极影响会呈现螺旋上升的趋势。数字化技术带来了前所未有的机遇，但只有你用心花时间与之建立关系链并关注团队成员之间的关系才能从中受益。

选择信任

你雇用的不是机器，而是人。人是复杂的，因此任何协作都须认清并关注团队合作中"人"的问题。如果像对待机器一样对待人，或者把关系的建立交给一年一度的团建，会不可避免地导致团队关系疏离、效率低下、气氛压抑。

我们把这种对人际关系的关注称为"关系智慧"。把握好它，我们的团队会运行得更好、更快。

关系智慧是一种能力，能让人认识和了解自己与他人的价值观、需求、风格和兴趣。从本质上讲，关系智慧解决的是团队协作中的人际关系和"人"的问题。

工作关系本身就是社会关系。社会关系十分重要，它推动团队有效协作和创新，促进整个公司健康发展。

在一个团队里一起工作并非易事，尤其是在当今这个远程和混合世界。即使有很多种沟通工具，团队协作还是很难，更不用说团队创新了。

我们的研究表明，团队成员最担心和同事之间缺乏社会交往。在 2020 年新冠疫情期间，很多人在我们的年度调查中表示，最怀念与同事的社会交往。

有研究证实，社会交往对现代团队非常重要。《麻省理工斯隆管理评论》（*MIT Sloan Management Review*）的一篇文章

远程协作时，最让你失落的是什么？

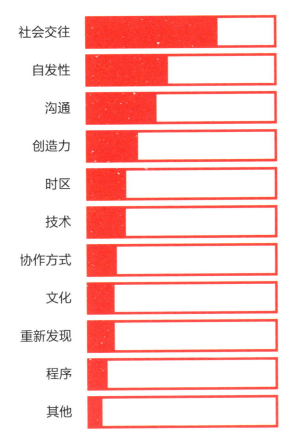

社会交往

自发性

沟通

创造力

时区

技术

协作方式

文化

重新发现

程序

其他

2020 年 Mural 协作平台对远程协作的调查结果。共 403 名受访者。

的作者发现，混合型劳动力现在很常见，做远程和混合型工作的人必须密切关注社会关系，他说："现在，远程工作已经非常普遍，所以公司领导人必须准备好应对远程工作可能对社会环境产生的负面影响。不管是在办公室办公还是在家办公，公司领导都需要极力确保得到管理人员和同事的支持。"

为了解决公司的关系疏离问题，人们必须发挥人际关系的作用，重视工作的社会层面。实际上，关系智慧需要人们相互了解、倾听和反思，需要学会分享创造性想法，学会有效地与团队成员建立关系链。这些不是一蹴而就的事情，必须成为协作的常规工作。

作为协作者，强化关系意识是首要任务。

协作心态

简单地说，协作需要我们与他人合作，需要我们认识自己的优点、缺点和工作方式。协作以正确的思维为中心向外延伸。最能影响我们与团队关系的三大因素如下。

好奇心。每一次协作都是一次学习的机会。团队成员不仅需要对手头的项目和挑战充满好奇，还需要对彼此有好奇心，而且协作之前需要做自我检查并消除偏见。此外，好的协作者会永远保持初学者的心态，以开放的心态加入团队，并随时准备接受新思想，和团队成员一起寻找解决方案。

尊重。团队中的每一位成员都须为他人提供表达看法和创意的情感空间和物理空间，并努力理解他人的看法和创意，哪怕是别人分享的想法很奇怪，没有得到大家的认同。做不到这一点会产生严重的后果：不仅会产生消极的工作环境，而且会错失碰撞所产生的创意和机会，阻碍协作的发展。

尊重不同于信任，信任是相信对方是可靠的、是对的。虽然信任一直是高效团队的重要因素，但它不一定是协作的先决条件，否则我们将永远无法与素未谋面的人合作。

意愿。真正的协作以更深层次的联系为基础。如果团队成员不愿一起工作，就不会有真正意义上的协作。一群人可以被拉到一起讨论手头的项目，他们甚至可以相互合作和协调，但如果每个团队成员都没有与他人真正合作的意愿，那他们实际上就是在表演"协作剧"。

内在动机

总的来说，以上三个因素共同决定了团队成员协作的准备程度。帕特里克·兰西奥尼（Patrick Lencioni）在他的《团队协作的五大障碍》（*The Five Dysfunctions of a Team*，2002）一书中做了很好的总结："好的团队会充分考虑每个人的想法。无论团队最终做出何种决定，团队成员都有拥护的意愿。"

这三种品质加起来会大于它们的各部分之和，形成协作的内在动机，即人们内心的激情或信仰。内在动机与外在动机不同，外在动机是为了赢得奖励或避免惩罚而去做某事，或者是基于外部压力而实现目标的愿望。如果你一直在培养自己的好奇心，尊重他人，并愿意与他人合作，那么你终将得到回报，成为团队中富有成效的一员。

心灵的碰撞

众所周知，人们的观点并不是完全相同的。从合作的角度看，这是一个优势。

如果协作说到底是由许多有头脑的人组成的联盟，那么多样性就是提升协作效果的源泉。其实，我们早已注意到这样一个事实：团队被"卡住"通常是因为缺乏多样性的视角，引入外来的看法或观点，问题就会迎刃而解。也就是说，有头脑的人组成异质的联盟，才会迎来真正的创新。

此外，要支持团队协作或成为团队协作的一分子，对人们的思维方式有一个基本认识极其重要。

团队需求

只有了解自己的思维方式和他人的工作方式，你才能处理好团队成员之间的关系。

亚伯拉罕·马斯洛（Abraham Maslow）提出的著名需求层次理论关注的对象是社会中的个人，而协作关注和分析的对象是团队本身。因此，我们的团队模型需要对马斯洛的模型进行扩展和反转。众所周知，群体实现是团队的终极目标，而要实现这个目标，团队首先需要形成团队安全感和团队归属感。

群体实现

群体归属感

团队安全感

自我实现

尊重

归属感 + 爱

安全感

生理需求

团队安全感

哈佛商学院教授艾米·埃德蒙森在 2012 年出版的《团队合作》一书中推广了"心理安全"一词。定义简单易懂，即心理安全是"一种共同的信念，相信团队可以为人际关系的冒险保驾护航"。没有心理安全，人们会退缩，想象力也会减弱。

心理安全是一种相互尊重的团队环境。在这种环境中，人们可以畅所欲言，敢于冒险，敢于尝试新事物而不用太担心后果。高效的团队运作包含大量的心理安全因子。

心理安全并非只是团队内部的和谐一致。相反，心理安全能促使团队成员相互挑战，从而产生不同的观点，为激发团队的想象力提供必要条件。也就是说，团队成员既需要心意相通，也需要相互挑战。

心理安全不是绝对的，也不是领导者可以简单地"设定完即抛之脑后"的。任何团队在任何时候都可能不同程度地缺乏安全感，因为心理安全带有情境性，团队成员之间的每一次互动都会产生不同的心理安全感，它贯穿团队协作的全过程。

协作智慧能帮助团队解决心理安全问题并打造团队体验，为团队的会议和互动创造更高参与度的合作环境。

现在，团队的心理安全已不再是一个不解之谜。《安全文化》（*A Culture of Safety*，2020）一书的作者阿拉·温伯格（Alla Weinberg）建议我们从一些简单的环节做起。

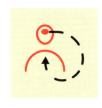

从"你"转换到"我"。不推卸责任，进行良好的合作，从"我"的角度展开讨论，集中精力讲述自己的经历，并鼓励其他人也这样做。

大胆暴露弱点。大胆交流当下发生在你身上的事情，分享合作对实践和情感的影响。向团队其他成员证明，一起谈论个人的经历是可行的，哪怕这样做会暴露自己的弱点。

反思。邀请团队其他成员讲述他们的真实情况，同时探讨过去的经历对他们的行为和决策所产生的影响。多反思工作的进展并思考团队做什么才能让事情变得更好。

团队成员彼此信任了，他们就会成为一个富有凝聚力的团队。他们会一起工作，一起寻找相互扶持的方法，从而形成一种健康的关系……一个相互不信任的远程工作团队注定要失败。

——超级协作工作室总监
莉赛特·萨瑟兰（Lisette Sutherland）

只要看一下艾特莱森（Atlassian）的团队是如何建立信任和心理安全的，你就明白了。许多人认为，2020年初突然转为远程工作，对工作制度是一个巨大的冲击。不但工作和家庭之间的界限遭到严重破坏、变得模糊，而且团队成员很难再感受到彼此间的联系。为了解决这一问题，艾特莱森研发团队的领队尤金·宗（Eugene Chung）着手创办了一个研讨会，最终获得了"工作生活影响运作"——一种获得心理安全和团队支持的方法。

尤金告诉我们："关注团队共情、相互理解、彼此适应的能力，有助于你与团队建立更深的信任感以及更紧密的联系，进而恢复团队的活力……这些都是我们现在正在努力培养的技能。"

培养归属感的一个关键方法是承认个体的贡献，多赞赏团队成员取得的成绩。据我们观察，最强的团队是在一起庆祝胜利的团队。不需要精心设计的颁奖典礼，也不需要奖金，只需时不时地说一句"干得漂亮"或"谢谢你的帮助"，团队成员就会逐渐拥有归属感。

群体归属感

技能和天赋确实很重要，因为每个人都需要它们来展现自己最棒的一面。不过，单凭天赋并不能打造一支高水平团队。

在体育比赛中，我们一次又一次地看到这样的情形：大家十分看好的由顶级运动员组成的运动队，最后输给了没有超级明星却配合得很好的运动队。

没错，技艺精湛的音乐家必须精通自己的乐器，但在乐队中演奏，音乐家还需要另一种天赋——聆听、调整和应变能力，一种超出个人技能的能力。

20 世纪 90 年代爆发的"人才大战"，被证明是适得其反的。斯坦福大学的杰弗里·普费弗（Jeffrey Pfeffer）向我们证实了这一点。他的一项又一项研究表明，对人才的执迷，往往会慢慢摧毁公司现有的团队，产生一种腐蚀性的文化。

马尔科姆·格拉德威尔（Malcolm Gladwell）也证实了这一点——他向我们展示了这种竞争是如何导致安然公司垮掉的。

招纳贤才本是一件好事，但在机能失调的团队中，人才是无效的。培养协作文化还需要归属感：团队成员不仅需要相互联系，还需要相信彼此有共同点。归属感需要以某种方式表现出来，它在协作中的表现形式通常是达成共识。

创建富有凝聚力的团队，关键是达成共识。然而，仅仅就目标达成共识还算不上真正意义上的达成共识。实际上，真正意义上的达成共识并不需要观点完全相同，它需要的是就如何实现目标来进行日常战术和战略层面的协作。

作家兼 CX 公司领导人瑞安·麦基弗（Ryan McKeever）曾说："达成共识意味着，每个人都像拥护自己的决定一样拥护某一个共同的决定，哪怕是如果他们说了算，他们的做法会完全不同……另一方面，达成共识还需要每一个团队成员的高度投入，它意味着全体成员意见一致。"

群体实现

"成为业内最好的"或"实现 5 亿美元的收入"是空洞、自私的使命宣言，起不到任何激励作用。

目标超越了公司层面，团队成员的参与度和动机就会增强。这一现象或许可以解释我们看到的情况——公司转变了实现目标的方式，将目标扩展到"利润"和"企业成功"之外。迈克尔·波特（Michael E. Porter）提出的"共享价值"概念，认为目标是一种竞争优势。设定团队目标是一种双赢的方法：你不仅能以一种新的方式吸引员工和客户，而且还能超越竞争对手。

马尔科姆·格拉德威尔曾写道，有价值的工作都有三个特点：

自主权。没有人想被微观管理，这是信任在职场中很重要的一大原因。

复杂性。如果工作没有挑战，人们就很难专注。光辉国际（Korn Ferry）的一项调查显示，无聊实际上是人们想要离职的首要原因。

将努力与回报挂钩。我们的工作能起到一定的作用是一件令人高兴的事。如果获得了奖励，我们会更高兴。这就是人们常说的外在动机：我们所做的工作得到了应有的报酬。

无论是公司层面还是团队层面，当目标有意义时，达成共识就会变得更容易。让团队之间有一个共同目标，然后赋予每个团队行动的自主权，就会产生群体实现——团队实现的终极状态。

团队目标

另一种团队实现的终极状态是发挥集体想象力。我们这里所谈的想象力无关乎童话故事，无关乎神龙，只关乎找出解决世界上最棘手的问题的方法。每个人都清楚自己以及自己团队的目标吗？他们能看到自己的工作所产生的影响吗？如果他们能做到，如果他们目标明确、能达成共识、有心理安全感、敢于冒险，那么整个公司的想象力就可以被充分激发出来。

如果他们做不到，那么无论团队成员相处得多么融洽，无论他们彼此多么信任，集体想象力也难以被充分激发出来。

企业发展靠的不仅是数字运算，使利润最大化。越来越多发展势头良好的公司，超越竞争对手的主要原因是比竞争对手的想象力丰富。没错，实验和交付也是两个重要因素，但是公司之间的真正差距源于想象力，因为想象力是创新的核心要素，企业发展靠的是想象力的发挥。

人工智能（AI）和其他技术不会充分激发团队成员的想象力：也许它们会引人"深思"，但它们不是一种能力，不能想象更美好的未来。眼下的局势更需要企业激发团队的想象力。

想象力不仅能刺激企业发展，还能提升团队改变自我的能力。想象力是找到新的合作方式的关键。有了想象力，团队合作会变得引人入胜、富有成效、妙趣横生。

有了想象力，"你能明白我的意思吗"这句话将从愿望变成现实。

我们相信，有创造力的人才紧密团结在一起，并朝着共同的目标前进，创新和变革就可以随时随地产生。创新不再只是决策者的事情：每个人都可以为创新做贡献。创新源于人们彼此间的亲密关系，止于人们想象力的发挥。可以说，想象力是团队可以利用的一种取之不尽、用之不竭的资源。

这就是我们恳请你们采取行动，进行更加细致的协作的原因。因为当团队聚在一起解决问题、进行创新时，就可以利用集体想象力的潜能来实现团队的目标。想象力是人类大脑的一个强大功能——以不同的方式看待事物，构想一个尚不存在的未来。人类是唯一能够进行反事实思考的物种。从这个角度看，人类的想象力是世界进步的基础。

推荐阅读

阿拉·温伯格（Alla Weinberg），《安全文化》（*A Culture of Safety*，2020）

这本薄薄的小册子直截了当、有力地阐述了有关心理安全的论点，以及实现心理安全的实用方法。温伯格写道："没有安全感，我们就无法思考、协作或创新。"对于任何想要提高团队心理安全的人来说，对这一主题的探索都是必不可少的。

安妮·罗德（Anne Rod）、玛丽塔·弗雷德豪（Marita Fridjhon），《创建智能团队》（*Creating Intelligent Teams*，2020）

这本书以关系系统智慧为基础，研究了团队成员联络和建立关系链的方法，不但可以启发灵感，而且非常实用。

迈克尔·李·斯托拉德（Michael Lee Stallard），《关联文化》（*Connection Culture*，2020）

斯托拉德及其同事深入探讨了公司营造关联文化的重要性。他们所说的关联文化，其工作模式的基础依赖于三个维度：构想、价值观和声音。这本书不仅能够启发人的灵感，而且是基于充分的研究写就，非常实用。

史蒂芬·柯维（Stephen MR Covey），《信任的速度》（*The Speed of Trust*，2018）

柯维认为，信任真的能让世界运转，对团队协作也至关重要。建立信任需要关系智慧，也需要创建信任产生的条件。本书深入探讨了信任这一话题，用接近 350 页的篇幅，阐释了相关的研究、案例、建议、评估等。

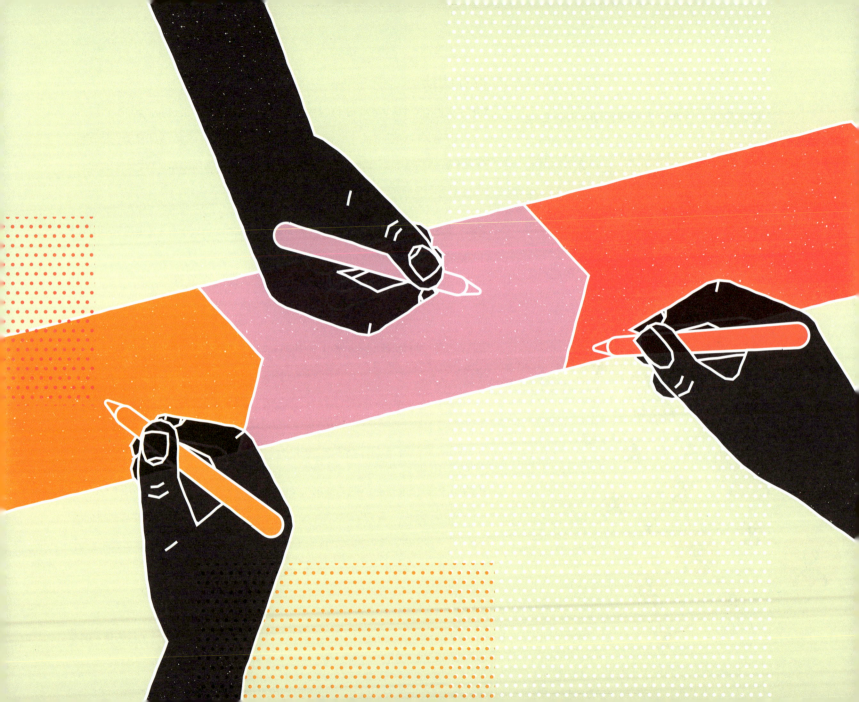

3
第三章 协作设计
精心设计协作体验

"精心安排议事日程"是把会议开好的秘诀，对吗？

你可以回想一下，上次的会议议程进展顺利吗？我们所说的顺利指的是，会议上没有自负和权术阻碍团队目标的实现。事实并非如此吧？

安排好议事日程是开好会议的基本条件，但不会拯救一个组织不良、管理不善的会议。

开好会议需要考虑很多问题。该邀请的人，邀请到了吗？他们能否给会议带来有价值的东西并提出好的建议？如何做才能让与会者感觉自己参与其中、与他人建立了关系链并希望成为团队的一分子？人们如何了解工作取得的进展？

如何拯救糟糕的会议

团队在工作中的协作效果如何？

这些问题数不胜数，然而领导者却把协作寄希望于运气，结果问题迟迟得不到解决。应该如何开展协作？对这个问题，很多领导者没有进行深思熟虑，也没有进行过设计。

在这种情况下，需要有人站出来指导团队。其实，指导团队也不需要费多大力气，有时只需一个简单的助推就够了，如引导团队做一下准备活动，确保团队公平的话语权，为团队提供坚实的后盾。这样做可以改变整个团队的变革动力，使团队取得更好的成绩。也就是说，不管是现场协作还是异地协作，只要进行协作，就要认真对待，因为不管有没有精心指导，协作都会发生。

现在的职场，等级观念越来越淡薄，对团队想象力的依赖却越来越强烈，所以设计高效协作的能力，正在迅速成为每一个从事知识工作的团队成员所必须具备的技能。如果每个员工都具备改善团队互动的能力，公司就会更快地拥有更多的创新。

协作设计师不必是协作方面的专家或专业的协作指导人员。从根本上讲，协作设计的目的是帮助人们前进，每个人都能进行协作设计。从这个角度看，你也可能是一名协作设计师，只是你不知道罢了。

到底什么是协作设计呢？它是一门新学科，其目的是普及协作方法，优化工作方式，使这些方式方法成为人人都能学会并掌握的技能。协作设计就是与团队一起工作，到团队所在地，帮团队实现目标。

建导和协作设计有着十分密切的联系，但它们在一些重要方面还是有所不同。

协作设计可以是正式的，也可以是非正式的。协作设计既是一种通用综合技能，也是一种正式职业。首先我们想到的可能是在协作设计方面具有专长、获得过专业认证的人。其实，不管是单个参与者还是管理者，还是其他相关人员，只要是领导团队、参与对话，都可以学习并提高协作设计技能。

协作设计是一种内嵌式活动。每个团队都能从协作设计方面的专业知识中受益，这就是

我们将其视为一项基础技能，并在各大公司进行推广的原因。佼佼者可以从自己的团队中脱颖而出，为团队提供指导。

协作设计能增强异步沟通的效果。实时现场会议通常比较省事，哪怕是实时现场会议需

要做一些准备或后续工作。协作设计超越了时空的限制，既能影响同步会议的习惯和行为，也能增强异步会议的效果。

协作设计考虑的是团队的长足发展和变革。解决团队关系疏离问题不是一蹴而就的，也不是几次会议就能解决的。协作设计会帮助团队成员逐步建立关系链，并从长远的角度考虑团队的健康问题。

协作设计的核心是专注和共情。协作设计师以敏捷实践、设计思维和引导技术为基础，汲取组织设计、心理学和员工体验等领域的经验，通过促进对话、改善关系和智能协作等手段，为团队迎来"高光时刻"创造有利条件。

协作设计师的职责

我们以布莱克为例。他在全球咨询公司工作，从负责客户服务的团队中脱颖而出。布莱克曾管理多个客户服务中心，还与公司内部团队密切合作来统筹资金。然而，他发现有些事情不能尽如人意，尤其是客户体验方面。

和其他人一样，布莱克的工作需要开很多会议，会议进展不顺利，他的工作也不顺利。他告诉我们："相较于线上会议，人们更喜欢开线下会议。安排线下会议十分容易，无论是否需要，只要通知开会，人们就会马上聚到一起。"

布莱克早就对未来工作和建导这两个主题感兴趣了，而且他还获得了 LUMA 设计思维方法证书。他也看到，现在的工作地点越来越灵活，而且已经成为一种常态，团队不能再寄希望于每个人都到办公室参加既定的会议或研讨会，他们必须接受各种类型的参会者——面对面的参会者和远程的参会者。他说："混合型工作需要团队制定不同的规则，需要人们对彼此的参与能力有一个固有的认识，关键是养成好的习惯。"

很快，布莱克在领导团队协作方面的才能就得到了大家的认可。领导者发现了其中的价值，将他树立为大家学习的榜样。公司重新组建了骨干团队，然后设置了新的跨职能角色，包括专门的协作设计师。现在，作为协作设计师，布莱克和他的小团队改善了协作前台，并通过"协作行动"完成了后台的工作。他们选择常用的方法，先让团队试用，然后再逐步进行推广。他们研究并倡导共同的工作仪式，还收集了能够提升协作环境的培训视频，制作了一套会议和研讨会的范本。此外，他们还利用问卷调查和民意测验，获得了"人们如何合作"的答案，进而规划、改进协作。

布莱克现在的角色具有很强的战略性。如果他没有创建跨职能部门的联系，公司新建的团队就无法发挥作用。由于当初的一个学术兴趣，他探索出一种新的工作方式，并因此在该领域成就了一番自己的事业。

提升协作的方法

布莱克是首批专业的协作设计师，任何人都可以也应该学习他的领先做法，使团队协作更有目的性和生产力。

创建一个共同协作空间。要创建共同协作空间，首先要慎重考虑，确保每个人都有一个共享环境和一个共享交流平台。协作设计师不会理所当然地认为，同一个房间里的人就拥有一个共同协作空间。

确保空间安全。协作设计师最重要的工作是确保团队的心理安全。信任是协作开展的基础，因此协作设计师应该发起并主持一次坦诚的对话，与团队就创新的安全问题进行交流。

将多样性和包容性付诸实践。包容并欢迎他人是协作的核心。协作设计师需要在协作设计过程中，考虑到团队成员的不同工作风格和偏好，积极主动地发挥团队成员的优势。要进行协作，我们必须从一开始就接纳团队成员的多样性。

目标明确地合作。为了凝聚力量，团队必须有一个明确的目标。协作设计师通常要以团队的使命为出发点。明确的目标不仅是一个涉及协作内容的明确议程，也是协作的动力。协作目标不需要进行长篇大论，协作设计师要擅长在协作开始前，与团队简单、直接地分享协作背后的意图。

建立持久的关系链。尽管沟通方式很多，但人们依然会感觉与他人，与团队、部门、企业及企业目标关系疏离。因此，协作设计必须为人们创造联系的时间和空间，尤其是在实体办公室见面机会越来越少的今天。

指导问题的解决。团队工作，最终需要交付业务成果，因此在指导协作时，协作设计师要擅长选择并实施恰当的指导方法或可复验的、结构化方法，以帮助团队解决问题、实现创新。和锻炼身体或锻炼肌肉的原理一样，团队合作越多，有条理的协作方法练习越多，共同解决问题的能力就越强。

推出最佳实践方案。协作设计师要选择好的方法来提供最佳成果，创建健康团队。他们需要将这些最佳实践方案收集并修改为模板和行动手册，然后再进行更广泛的推广。此外，协作设计师还需要拥有良好的管理技能，以便将来评估和更新协作方法。

评估协作质量。协作设计师需要在协作过程中从个人、团队以及公司层面对协作进行评估与反思。协作评估的依据很多，我们可以通过定量指标和定性反馈来获得相关信息。这些协作评估能为团队工作提供依据。

确保成长和发展。在健康的团队中，成员应该在协作过程中有机会进行学习、成长。协作设计师应帮助每一个协作参与者更加娴熟地进行协作，特别是，帮助团队熟练掌握不同的工作模式（从面对面到远程，再到混合型）以及同步与异步协作。

留出时间反思。作为一个团队，定期反思和反省有助于团队合作方式的持续改进。为了创造一种协作文化，团队成员需要经常探讨团队是如何协作的。

制定团队章程

据我们观察，最健康、最高效的团队都十分清楚团队的合作计划，而团队的合作计划需要团队章程或社交协议来阐明。

团队章程是一份协议，规定了特定团队成员应如何一起把工作做好，阐述了团队沟通的基本要素，并定义了一系列的指导概念。

典型的团队章程会阐明协作的几大要素，如下图所示。

团队契约

团队走向成功的最佳方法是制定团队章程：一套专注于团队建设和发展的观念和技能。

1 **团队成员**

团队成员是什么样的人？每个团队成员要列出他们的两个强项和两个弱项，以便团队成员更好地了解彼此。

名字　　名字　　名字　　名字

强项
弱项

2 **核心价值观**

你最关心什么？探讨哪些共同的价值观有助于指导如何处理工作中的问题、如何相互合作。

集体讨论　　　　总结　　　　提炼
价值观1
价值观2
价值观3
……

3 **群体准则**

你将如何工作？建立一个让彼此遵守的行动纲领。

集体讨论　　　　总结　　　　提炼
准则1
准则2
准则3
……

4 **队员职责**

哪些职责是必要的？确定团队成员在团队中的职责，使团队富有凝聚力和生产力。

集体讨论　　　　总结　　　　提炼
职责1
职责2
职责3
……

5 **成功指标**

你觉得怎样才算成功？思考一下，除了用字母划分等级或打分，成功还有哪些衡量指标。

集体讨论　　　　总结　　　　提炼
指标1
指标2
指标3
……

6 **质量标准**

你觉得高质量工作的标准是什么？想一想，你想要的质量以及你对队友的期望。

集体讨论　　　　总结　　　　提炼
标准1
标准2
标准3
……

关注工作安排和准则，有助于避免混乱局面，防止沟通误解。我们发现，详细的章程通常会列出团队将要使用的手段，如何跨时区安排会议，回答他人问题所预期的周转时间等。

勤达睿公司（Kyndryl）的首席设计官莎拉·尼尔森（Sarah B.Nelson）多年来一直在指导团队并制定团队契约。她告诉我们：

> 团队契约是团队合作的准则，不但回答了使用什么手段、何时进行交流这两个问题，还回答了他们想为自己创造什么样的环境这一关键问题。最重要的是，它是一个有灵性的方法，你可以随时通过它来寻找协作的感觉。

了解协作体验

我们将协作设计师的工作描述为到团队所在地，与团队成员一起帮助大家实现目标，建立个体之间的联系。但在团队协作的过程中，我们如何追踪团队的协作体验呢？

或许你见过很多体现创新周期的模型。过去十年，我们几乎与每个行业的人都打过交道，并与这些行业的数百个团队进行过密切合作。在这一过程中，我们看到，团队经历也会分成不同的阶段，也有周期性。

没错，如果我们构建一个团队协作的动态体验模型，就会发现团队体验会经历两个明显的过程：情感协作（团队成员在互动时对彼此产生的感觉）和有效协作（团队成员完成富有成效的任务）。两个过程都有自己的不同阶段，随着协作的开展，一个过程的某个阶段会和另一个过程的某个阶段相反或重合。

这就是为什么我们的亲密合伙人、变革推动者电压控制公司首席执行官道格拉斯·弗格森（Douglas Ferguson）强调：

> 以心理安全和关系意识为基础来设计公司变革，并从长远的角度对变革进行设想、原型制作、实践和反思，以产生持久的影响，是至关重要的。

协作体验模型

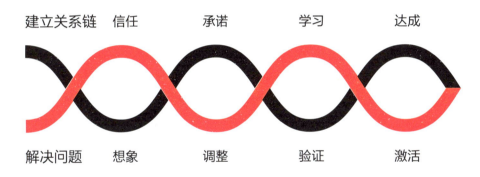

协作设计推崇并使用这种周期模型，高水平的设计师会平衡协作的两大核心要素，在寻求创新的过程中为团队提供支持。协作体验的两大核心要素是建立关系链和解决问题，下面让我们详细分析这两个核心要素。

建立关系链

建立关系链需要关系智慧——在一群为共同目标而努力的团队成员之间建立人际关系的能力。建立关系链是团队成员转变合作心态的过程，分以下四个阶段展开。

信任。高绩效的团队成员必须相信，其他成员会尊重个体的付出，并将他们的最大利益放在心上。在这一阶段，我们会提示团队成员，在协作活动中适当包容弱点，鼓励团队成员彼此和谐相处，通过为关系链设计的简单活动，团队成员开始相互理解，认识到完美不是必需的，为达到共同的目标相互承诺才是。

承诺。一旦建立了信任，团队成员就会为共同的目标而奋斗。在承诺阶段，团队成员（心照不宣或者明确地）达成共识，全力应对挑战，实现共同目标。

学习。团队成员通常通过实验、探索解决方案、研究获得工作动力的方式来共同成长。在这个阶段，团队成员应专注于一个目标，自由地测验、创建原型、保留或放弃团队成员提出的任何想法。这一阶段具有很强的生产力，当团队成员进入这一模式，他们的集体想象力会得到充分发挥，创新便成为可能。

达成。在这个阶段，团队成员已经研究出最佳方案，正在就实施什么、何时实施以及如何实施达成共识。同时，团队成员更加熟悉那些引导他们产生创意的各种技能。他们的成果拥有集体所有权，而且因为他们亲身经历了群体实现，下次他们还会愿意一起发挥想象力。

当然，我们也认可其他影响我们思维的团队建设和关联模式，特别是 1965 年布鲁斯·塔克曼（Bruce Tuckman）提出的著名论断。它将团队发展分为以下几个时期。

形成期。在这一时期，人们不仅聚在一起组成团队，还培养了合作所需的关系技能。

激荡期。接下来，团队成员集中精力应对手头的挑战，探索解决问题的方法。在团队寻求共识的过程中，可能会出现冲突和阻力。

规范期。团队成员最终创造出和谐的环境，开始努力探索有效的协作方法。

执行期。在这一时期，团队会集中执行任务和解决问题。执行期间，为了整个团队的成功，个人利益会被搁置一边。

休整期。为反映当前任务的完成情况，1977 年，塔克曼在模型中添加了第五个时期。这一时期的重点是庆祝胜利，以鼓励和激励团队成员。

解决问题

解决问题的过程分四个阶段：想象、调整、验证和激活。任何被验证有效地解决问题的过程都包含这四个阶段。生命系统也是如此，只不过生命系统分为分歧、探索、趋同、开拓等四个周而复始的阶段。

想象。在想象期，团队聚在协作空间里，无拘无束地将内心的想法外部化、可视化，并在彼此思想的碰撞中扩展和构建团队。在这一时期，团队的核心问题是："我们能做什么？"

调整。在调整期，团队会应用专门的方法和引导技术来帮助团队进行整合，然后确定任务的优先顺序，最后思考并做出决定。"感觉如何？"是这个时期的明确问题，能够帮助团队看清他们是否朝着正确的大方向前进。

验证。在验证期，要验证团队是否具有建模、建设、实施实验的能力，并确定解决问题的最佳人选。这个时期主要回答"进展如何？"这个问题。这个问题看似简单，却是对这一时期团队的实力和胆量的检验。

 **激活**。激活就像是橡胶碰到路面。在这个时期，创意经过规划、执行、传输到核心商业系统、进入工作流程等四个环节得以实施。这一时期的重点问题是"我们在做什么？"，在这个时期，团队会开启构建者模式，集中精力展示他们在这个时期所提出的想法和解决方案。

这一解决问题的过程是线性的，但是我们专门留出了调整空间。这也正是协作设计工艺的闪光点。协作设计方面的专业知识不但能够促进团队内部的健康交流，而且能够引导团队进行动态调整。

我们的协作体验模型不是一个处方，也不是一条僵化的道路，而是协作设计中最强大的力量——通过关系智慧建立团队的合作，提升团队凝聚力，共同应对挑战。

构建协作体验模型

协作设计不仅能够改进实时会议，还能记录实时互动过程中的行为和活动，促进团队合作，建立稳定的团队关系，最终实现目标。我们的协作模式具有以上所有功能。

你可以简单地将协作体验视为有起点、中间阶段和终点的模型，它的核心是解决问题。

在解决问题这一阶段，团队需要真正的协作。然而，在这一阶段的开始，团队成员可能会出现分歧，于是需要分头探索寻找解决方案。接下来，这群人再度聚在一起，组成团队进行最后的决策。纵观这一过程，它就像一块绿宝石（如第 51 页图 A 所示），在起点，分头开展工作 [我们的朋友戴夫·格雷（Dave Gray）、桑尼·布朗（Sunny Brown）和詹姆斯·麦克奴弗（James Macanufo）在《游戏风暴》中曾说]，在终点，聚在一起确定解决方案。

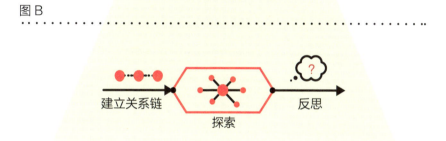

图 A

集合在一起

开始　　　　　　　　　问题
结束　　　　　　　　　解决方案

探索

图 B

建立关系链　　　　反思

探索

图 C

个人时间　　　　集合在一起　　　　个人时间

准备　　建立关系链　　探索　　反思　　跟进

　　同时，协作设计认为，任何团队要解决问题都必须关注团队的发展以及团队内部的关系。这里，关注团队关系意味着人们在解决问题之前需要花时间建立关系链，然后再一起反思（如右侧图 B 所示）。

　　然而，不仅只有同步协作重要。尽管无论是面对面还是远程工作，花时间待在一起都很重要，但是协作设计的真正作用是管理个体的异步工作。个体的异步工作在实时互动前后都有（如右侧图 C 所示）。缩小后，模型变得更加完整了。

将模型进一步缩小后，我们可以看到，团队协作一直在逐步改善，包括使用定量和定性的方法对团队表现所进行的评估。

在这一层面，我们看到，协作的整体设计是嵌套的、迭代的。团队合作嵌套在其他项目和正在进行的工作之中。每一个互动都有可能是工作链中不可或缺的组成部分。协作设计的终极目标是理解协作的意图，然后将其置于更广泛的范围内，从而创建既能使团队成员关系紧密，又能推动团队业绩的体验。

重点是，这个模型不是线性的。也就是说，你随时随地都可以进入这个模型，使团队逐步建立紧密的关系，提高解决问题的能力。换句话说，关注协作的最佳时机就是现在，你可以

试着在即将召开的会议上引入一种新的做法，如简短的签到或会前准备活动，重复做几次，看看效果如何，然后再逐步引入更多协作方法。你很快就会发现，协作的做法很多，将这些做法联合使用的方法也很多。

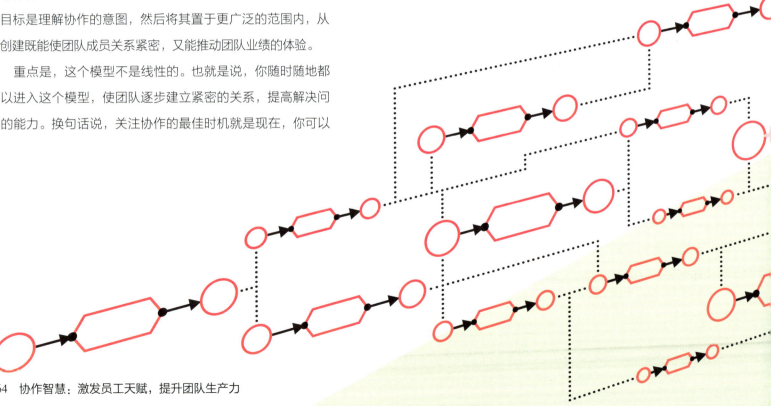

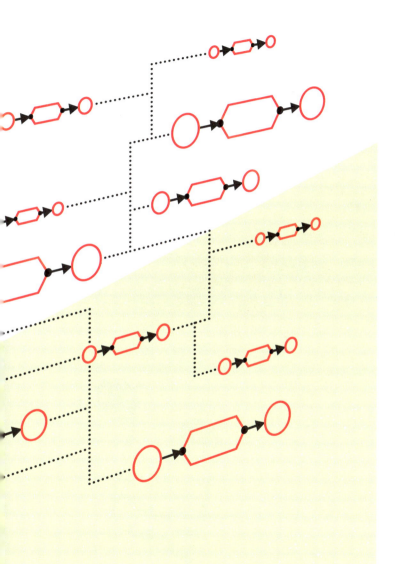

推荐阅读

普里娅·帕克（Priya Parker），《聚会的艺术》（*The Art of Gathering*，2018）

　　帕克首先假设社会关系和人际关系是最重要的，然后对人们如何见面做了详细的调查。想了解人们是如何聚会的，这本书是个不错的选择。

丹尼尔·斯蒂尔曼（Daniel Stillman），《愉快的交谈》（*Good Talk*，2020）

　　这本指南可以帮助人们进行更好的对话。作者将他的实用方法分成许多细小的模块，以供你随时拿来使用。斯蒂尔曼的这一对话操作系统展示了对话的九大核心技能。总之，这本书阐释了人类如何互动以及如何设计更好的互动等问题。

迈克尔·施拉格(Michael Schrage)，《思维共享》(*Shared Minds*，1990)

　　施拉格的《思维共享》很有先见之明，不但详细阐述了协作的理论和原则，而且给出了大量的实用建议。书中有关"协作设计主题"的内容具有十分重要的意义。

4 第四章 协作方法

合作的战术

1959 年，迈尔斯·戴维斯（Miles Davis）走进录音室，录制了《有点忧郁》(Kind of Blue)。这是有史以来最畅销、最受欢迎的爵士乐唱片，即使不喜欢主流爵士乐的人，也很赞赏这张专辑，因为它的歌曲浅显易懂，乐队伴奏和谐，每首歌都很成功。

众所周知，戴维斯喜欢让自己的乐师即兴演奏，因此这次录制根本没有预先排练。乐师走进录音室，他才拿出要录制的乐谱。令人惊讶的是，除了一首，《有点忧郁》的其他歌曲的伴奏都是一次成型，直接录入专辑。换句话说，他们第一遍录制就成功了。

一群人聚在一起，即兴地创作出如此伟大的艺术作品，他们是怎么做到的呢？是什么方法使这种特殊的协作得以实现的呢？我们又能从这群人身上学到什么呢？

主流爵士乐即兴演奏成功的关键是精心安排。没错，和普通大众的认知相反，爵士乐乐手的即兴演奏并不是胡编乱造，而是进行了精心的安排，遵守了共同的演出规则。

需要说明的是，在爵士乐中，勾勒曲调主旋律的"谱表"只提供三方面的信息：**旋律、和声**和**时值**。这三个方面是爵士乐乐手作为一个团体需要表演的主要内容，其余部分都是即兴演奏的，或者就如他们说的那样，是"伪造的"，这也是爵士乐谱表被称为"伪歌本"的原因。

自由爵士乐的演奏方法则截然不同，完全是即兴演奏，甚至乐曲中最基础的东西也是如此，根本没有进行事前的精心安排。对于普通听众而言，这样奏出的乐曲往往是抽象的、晦涩难懂的，如果不是由训练有素的专业乐师演奏，很快就会失去存在的价值。

现在思考一下，你的团队在工作中是如何协作的。你们是依照同一个谱表演奏，还是在工作中即兴发挥？事实证明，许多职场的协作都是即兴而为的。没错，我们可能会有会议议程，但会议议程只是一个会议主题列表，并没有明确说明活动的具体流程。我们如何互动、如何做出决定以及如何成为一个真正

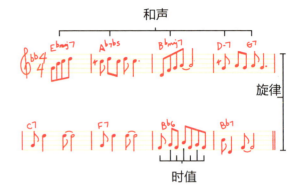

《自君别去》(After You've Gone)

特纳·莱顿（Turner Layton）　　亨利·克里默（Henry Creamer）

意义上的团队，在很大程度上都是即兴的。

就像自由爵士乐一样，会议的结果往往是抽象的，甚至是混乱的，最后人们会感到摸不着头脑、难以集中注意力、内心十分失落。我们都参加过一些糟糕的会议，其"症状"主要有以下几个：

- 少数人主导对话
- 无聊的汇报让参会者昏昏欲睡
- 权术被实时上演
- 没有结尾和可行的方案
- 结果全是空谈，没有展示任何实质性的东西

如果你们的团队统一行动标准，又会是怎样的情景呢？如果团队没有议事日程，也没有即兴发挥，而是使用一套行之有效的方法来指导团队协作，会怎样呢？如果每个人都了解基本的行为准则，能参与其中把工作做好，又会如何呢？

我们实际上有很多这样的行为准则，并将其称为"指导方法"。这些指导方法容易理解，易于实施，还可以为顾客量身定制。只要你将其运用于工作之中，就能带来更好的结果。最令人满意的是，无论工作是面对面还是远程，是同步还是异步，这些指导方法都能让团队在有限的时间内完成更多的任务。

引导自主权

我们所说的"空白画布瘫痪"，即群体开会时没有协作计划，是团队协作中常见的问题。想象一下：一个团队站在白板前，问："现在该怎么办？"在没有计划的情况下，群体工作的准则往往是即兴制定的，会让协作变得很糟糕。

有了协作方法，顺利实现目标将不再是一个难题。有了协作方法，团队成员在工作时，创造力不会受限，可以跳出条条框框自由地思考，因为协作方法往往具有解放团队的功效，让团队自由地行动，充分发挥集体想象力。

乔·拉利体验设计公司的创始人乔·拉利告诉我们：

> 结构化的协作方法能够将团队聚在一起，全身心地关注问题区域。在整个过程中，你无须推测或即兴发挥就可以得出结论或做出决定，因为我们的方法可以让你们一起到达成功的彼岸。

那么，你的公司最需要改进哪些协作实践呢？引入指导方法来加强关系链并更好地解决问题，对你的团队有何益处呢？想要目标明确地参与公司的协作，你现在可以尝试哪些方法呢？

团队的游戏

设想一下没有规则的游戏，玩起来肯定没意思吧？事实证明，我们玩游戏时获得的乐趣大部分源于既定的游戏规则。每个人都了解规则，参与度才会增加，团队才会真正建立关系链并发挥创造力。

协作方法为协作提供了"参与规则"，让团队成员在平等的基础上一起工作，从而做出更好的成绩。当然，协作方法还能让工作变得更有趣。

协作方法，从广义上说，包括一切训练、活动、游戏、准则，以及能详细指导团队互动的技巧。我们要把这些协作方法想象成团队协作的乐谱，因为它们不但为团队提供了一套可遵守的规则，而且允许团队自由创作。

目前，来自不同领域的协作方法有数千种，并有许多可供参考的示例。在每种情况下，它们的功能都是相同的：使协作清晰明了、详细周到。团队无须猜测或做出反应；它们可以达成共识。

下面，我们以敏捷实践的仪式为例。敏捷实践是一种在软件开发中使用的方法，它精心安排团队工作的优先顺序，一次只关注几个小的模块。像"敏捷"（scrum）这样的正规方法会对团队协作进行有针对性的指导。诸如"规划扑克"这一方法，模拟了一种纸牌游戏，将游戏般的互动融入团队解决问题的过程中，团队成员可以将努力目标当作扑克里的筹码来"下注"。

还有"Hills"，它是 IBM 开创的协作方法。这一指导方法十分简单，就是让项目团队识别并同意可衡量的问题陈述。Hill 由以下三个要素组成：

谁。你要服务的客户是谁。

什么。需要满足客户什么需求。

惊喜！如何给到客户"惊喜"，以压倒竞争对手。

IBM 的 Hills 指导团队协作，认为任何任务都需要一份共同的使命宣言。

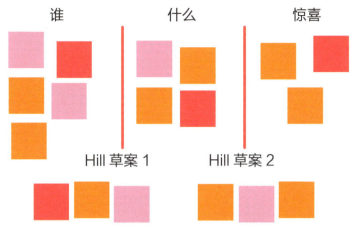

谁　　　　什么　　　惊喜

Hill 草案 1　　　Hill 草案 2

全栈开发人员（具备前端、后端和数据库等多方面技能的软件开发人员）
在与设计师和团队其他成员共同解决问题时，可以使用其他学科设计原型。

Hill 声明阐述了这种方法的效果：

"无须管理层介入，销售领导可以在 24 小时内组建一个应急响应工作组。"

"对于一个使用第三方编程接口的应用程序，开发者建设和运行它的时间不会超过 13 分钟。"

即使像决定经营策略这样的复杂问题，也可以从一个有条不紊的方法中受益。由亚历山大·奥斯特瓦德 (Alexander Osterwalder) 和策划者团队联合开发的商业模式画布就是一个例子。它是一种探索各种商业模式可能性的协作方法。

商业模式画布，由亚历山大·奥斯特瓦德和策划者团队开发

九个方框代表了所有商业模式的核心元素，需要所有团队成员对其进行逐一填写。这样做的目的是确保业务的各个方面都能得到全面讨论，人人都能在平等的基础上做出自己的贡献。

对于那些有目的地指导团队协作的协作设计师而言，这个方法十分重要。对于团队而言，这个方法可以使团队协作更加缜密。更重要的是，这一协作方法可以创造有趣、好玩的共同体验，也就是说，我们可以在玩中感受与团队之间的紧密联系，产生团队赋权、足够的心理安全感和稳定的人际关系。

结构与模式

最好的协作方法都有以下几个基本优点：

- 有助于容纳更多的声音以获得各种不同的观点。
- 提升想象力和创造力。
- 让人轻而易举发现新模式和机会。
- 带来更好的业绩。
- 节省时间。

《解放结构的惊人力量》(*The Surprising Power of Liberating Structures*)一书的作者，亨利·利普曼诺维奇 (Henri Lipmanowicz) 和基思·麦坎德莱斯 (Keith McCandless) 用"微观结构"一词来描述我们与他人合作的仪式与习惯：

> 不管你有没有意识到，这些微观结构都是你组织日常互动的方式，能指导、把控团队的合作，塑造对话和会议。

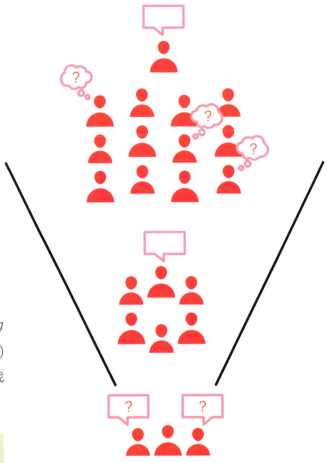

然而，就其本身而言，组织模式通常会阻碍广泛的参与和创造力的发挥。另外，协作的坏习惯也很常见，比如少数声音主导对话，不愿听到与自己不一样的观点。然而，一些开创者提出了一系列他们称之为"解放结构"的方法。这些专门塑造协作的方法，"解放"了整个团队的言论。

其中就有一种被称为"1-2-4-All"的协作方法。这种方法简单实用，适用性强：

- 首先，参与者单独思考手头的议题（1分钟）。
- 接下来，两人一组分享并比较彼此的想法（2分钟）。
- 然后，四人一组分享各自的反思并一起改进现有的观点（2分钟）。
- 最后，整个小组重新召集在一起，大家共同分享各自的观点（3分钟）。

解放结构的妙处在于，团队成员在很大程度上可以自我提升。也就是说，这些方法不仅易于使用和理解，而且不需要专业人士的专门指导。团队一旦同意使用"解放结构"，在大多数情况下，这些方法就可以立即投入使用。

解放结构的主体框架由33种方法组成，每种方法都代表我们见面和相互联系的方式将发生细微的转变，例如：

衍生关系（generative relationships）。这个方法有助于群体了解合作的方式。参与者首先从四个方面（分流、调整、行动和推理）或STAR[situation(情境)、task(任务)、action(行动)、result(结果)的首字母缩写]评估他们的团队，然后整理一份行动纲领来改进协作。

被倾听、被重视、被尊敬（heard, seen, respected, HSR）。团队可以积极练习倾听，从而彼此产生共鸣。每个人讲一个自己曾经没被倾听、重视或尊重的故事，其他人倾听并反思故事中的方法，然后思考做什么能改善协作。HSR特别有利于建立团队信任，强化关系智慧。

发明问题解决理论（TRIZ）。这种方法基于一个简单的基本问题："为了实现最深层次的目标，我们必须停止做什么？"

团队要列一个集体讨论的清单，然后进行有趣、大胆的对话。

当然，获得协作模式的来源还有很多，其中最好的来源是戴夫·格雷、桑尼·布朗和詹姆斯·马卡拉佛在《游戏风暴》一书中收集的各种活动案例。此外，赫斯特·欧森 (Kursat Ozenc) 与玛格丽特·哈根 (Margaret Hagan) 在《工作需要仪式感》(*Rituals for Work*) 一书中，还提供了一系列改善协作的方法。再者，Hyper Island 全球商业学校所提供的工具箱也有我们最喜欢的协作方法。这样的例子数不胜数。

不过，你不必惊慌失措，因为一套方法就足以让团队协作变得更好。使用协作方法的第一步很简单，在团队互动中引入一项简单的技术就可以。你也不必有任何顾虑，因为有大量的资源可以帮助你探索并慢慢适应团队协作的方法。

团队成员的整体体验终究会得到改善。有了方法的指导，团队成员的参与度更高，彼此之间的关系更加紧密。每个人、每个团队都获得更好的体验和更高效的工作不是梦。只要将团队朝正确的方向轻轻一推，就能大大影响业务成果，真正为公司创造利润。

复合式方法

你或许急切地想知道，如何才能让公司的数百名或数千名员工学习并记住这么多方法。乍一看似乎会觉得很难。

其实加速使用这些协作方法的路径有很多，充分利用现有框架就是一个不错的选择。例如 LUMA 系统采用结构化的方法指导协作设计师，帮助团队找到了用于创新的正确技巧。LUMA 将其产品精简为 36 种最有效的创新方法。这些方法大多很常见，你不需要马上全部掌握，因为使用其中的一小部分就足以开启协作。

LUMA 系统包括三类核心设计技能：观察、理解和制作。

观察。要成功实现创新，就需要员工的好奇心和共情，这就需要对员工进行全方位的观察。该类方法可以反映你想要解决的关系创新的人的问题。

理解。创新者必须用批判性思维和严谨的问题框架，充分理解需要解决的问题。理解类的方法可以帮助团队以结构化、可复验的方式共同完成创新任务。

制作。光有想法是没用的，成功的团队首先需要提出各种想法，然后再将想法付诸实践。要制作创新产品，哪怕是在最初阶段，也需要想象力、视觉呈现和频繁迭代。

每种类别又分为三个子类别，每个子类别又包含四个创新方法。这种分层模型更容易让你识别所需要的工具，进而将其应用于实践。

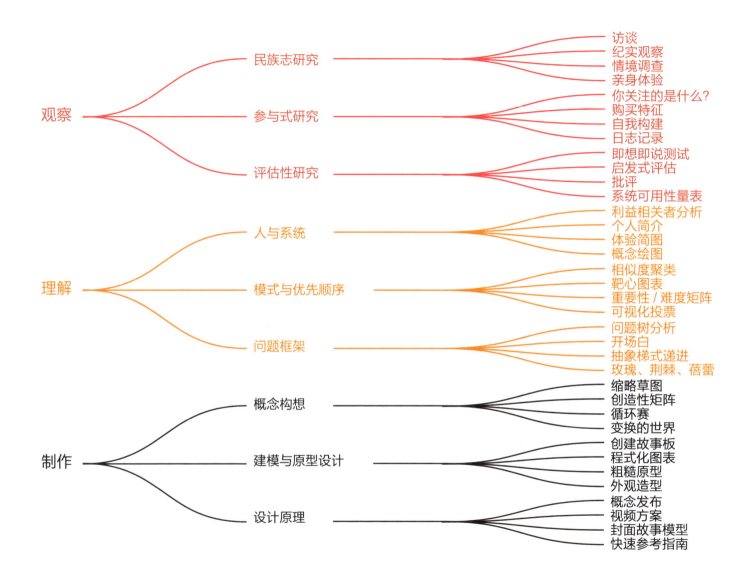

观察
  民族志研究
    访谈
    纪实观察
    情境调查
    亲身体验
  参与式研究
    你关注的是什么?
    购买特征
    自我构建
    日志记录
  评估性研究
    即想即说测试
    启发式评估
    批评
    系统可用性量表

理解
  人与系统
    利益相关者分析
    个人简介
    体验简图
    概念绘图
  模式与优先顺序
    相似度聚类
    靶心图表
    重要性 / 难度矩阵
    可视化投票
  问题框架
    问题树分析
    开场白
    抽象梯式递进
    玫瑰、荆棘、蓓蕾

制作
  概念构想
    缩略草图
    创造性矩阵
    循环赛
    变换的世界
  建模与原型设计
    创建故事板
    程式化图表
    粗糙原型
    外观造型
  设计原理
    概念发布
    视频方案
    封面故事模型
    快速参考指南

LUMA 系统

LUMA 系统中的方法可以合并并重新组合成所谓的"配方"。其实，配方才是这一系统的真正威力。这些有关个人训练的系列建议可以帮助整个团队顺利找到问题的解决方案。

例如，如果有团队在近期工作的优先顺序上意见不一，LUMA 系统就会给出一个让团队成员达成共识的配方，调动整个团队投入其中，具体包括以下四个步骤：

1. **"玫瑰、荆棘、蓓蕾"**。是一个让团队多角度思考手头问题的做法。
2. **"相似度聚类"**。帮助团队在思考中发现各种模式。
3. **"可视化投票"**。让团队成员选出他们每个人认可的最重要的模式，然后找到整个团队的共同模式。
4. **"重要性 / 难度矩阵"**。督促团队围绕他们同意首推的观念展开讨论。

使团队在近期工作的优先顺序上达成共识

征求整个团队的意见、确定主题，然后将其转化为共同的行动计划。

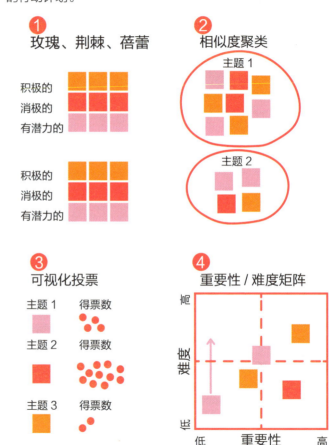

此外，强化群体关系的配方也有很多，我们发现了一个特别有效的配方，可以帮助团队成员了解他人的生活经历，从而与他人产生共鸣。这个配方分为以下四个步骤：

1. **访谈**。通过访谈可以了解他人。首先制定一份访谈指南，然后和自我认知不同于自己的人进行交谈。

2. **体验简图**。通过形象地描绘受访者的情感体验，创造一条"生命线"，在以后的日子里慢慢体验。

3. **玫瑰、荆棘、蓓蕾**。团队一起形象化地整编体验简图，以便看到其中的积极因素、消极因素与机会。

4. **变换的世界**。最大限度地利用彼此的不同观点，以便产生新的想法和共同理解，最终达成共识。

通过了解他人的生活体验，与他人产生共鸣

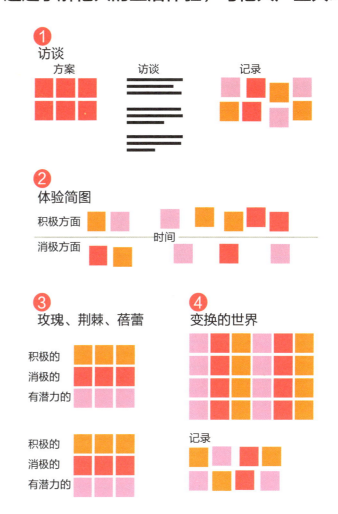

LUMA 不仅是一种配制方法的方法，就连它的名字也被认为是共同解决问题的符号，因为它可以深切地提醒我们有效协作的基本行为：仔细**观察**（look）、深入**理解**(understand)、机智**制作**(make)、相应**调整**(adapt)。

这些基本行为构成了 LUMA 行为准则。该准则总结了个人和集体需要采取的关键举措和态度，是一个连续的过程和动态的操作方式，团队通过观察、理解和制作等活动可以产生适应性变革。

在其他公司也可能有类似的行为准则和思路，IBM 就是一个成功的例子。十几年前，IBM 充分利用设计思维的方法，构建并推出了企业设计思维（enterprise design thinking，EDT），给公司带来了巨大的变革。

与 LUMA 类似，EDT 也提供了一整套设计思维工具包和激活计划。原本公司只打算在 IBM 内部使用这套工具包和激活计划，但最近向大众进行了推广，并开始收集客户的意见。

无论是像 IBM 研发 EDT 那样去研发一套自己的战术手册，还是依赖前人的方法体系，只有找到独特而适当的路径来配制方法，才能培养并扩展公司内部的各大团队。

将协作方法付诸每日实践

单纯的自上而下的变革是十分罕见的。一般而言，持久的转变往往是自下而上的。因此，在知识工作中，指导方法可以通过一次又一次的互动在基础层面激活更好的协作。

学习一件乐器时，演奏得越多，表演得就会越好。同理，协作方法就像是你必须逐渐在团队内部和团队之间建立的肌肉，你需要将其分解成一个个更小的模块，并加以充分练习。

应用协作方法首先要内化游戏规则。一开始可能会遇到很多困难。一旦团队中的每一个人都了解了协作方法的步骤和过程，事情的进展就会变得顺畅。

假如，你打算在每次开会前利用团队热身法使团队产生共情效应。我们发现，使用简短的引入词来开启互动有助于你从个人层面了解你的队友。所以，你可以试着说一句"你的第一份工作是什么？"或"你最喜欢的烂片是什么？"。

这样的指导方法看上去用处不大，但随着时间的推移，随着这些指导方法使用的次数越来越多，你就可以轻而易举地影响团队文化。

这一方法的目的是形成一系列的"小习惯"——福格（BJ Fogg）所倡导的一种改变行为的方法。福格的研究表明，转变的最佳方法是小步幅前行。小习惯的工作原理是，先找一件触发事件，然后将新的行为附加到这件事情上。

福格建议从使用下面的声明开始：

> **在我被触发后，我将养成新习惯。**

例如，你想在牙齿卫生方面养成更好的习惯，你可以试着声明：刷牙后，我将用牙线清洁一颗牙齿。之后，你将一颗牙齿变成两颗、三颗……最后，刷牙后用牙线清洁所有牙齿将变成一组轻而易举的动作，一种几乎下意识就可完成的动作。

很多理由可以证明这一行为设计的有效性，其中最重要的是时间。要对整个团队进行彻底变革，需要大量的时间和精力。只凭借创新的方法和对团队的培训就想彻底改变团队，绝对会打击团队的积极性。这种巨变往往会导致团队的失败，想想都觉得恐怖。我们应该采取循序渐进的方法，以可行的方式来克服团队的惰性。

设置一系列团队可操作的小习惯并以此改善团队的协作方式，是一个容易实现的小目标。一个个小目标的实现会产生一个个小的变化，久而久之，这些小变化就会发生质的飞跃。此外，简单的指导方法可以被分成一个个小的模块，你现在就可以尝试——明天的团队会议。通过实践，团队将逐步得到提升，只要聚在一起就能开展协作。

例如，元宇宙（Meta）公司在其"脸书思维工具箱"（Facebook Think Kit）中，将团队协作活动分解为多个可控的模块，从而加速了团队的协作、构思以及团队间的问题解决。这套训练方案以设计思维、客户至上的方法为基础，每个活动都有简单的说明和工作表，能够直观地指导团队。

这套训练方案可以单独使用，也可以与"建议的搭档"联合使用。思维工具包有助于团队养成创造性思维的习惯，一次一个训练方案——从一起设定目标，到检验，再到制作故事板（storybook）。

现在轮到你和你的团队尝试一番了。从点滴做起，先引入一个能给团队带来改变的新方法。例如，你不希望某些声音总是占主导地位，想让每个人都有发言的机会，那么你可以引入"爆玉米花"（popcorning）的方式让人们轮流发言，刚发言过的人会选择下一个发言人，直到每个人都能轮到为止。这样做有助于打造一个安全的环境，使每个人的建议都得到重视。

首先找到开启爆玉米花的导入词，如"对会议上征集的意见，我们先进行反馈，然后使用爆玉米花的方式进行轮流发言"。

之后重复这一做法，直到你的团队习以为常。

2×2 优先顺序矩阵

概述

2×2 矩阵为团队建立共同理解、做出推进想法的集体决策提供了一种可视化的方式，用于评估并排列新的想法、战略方向、理想的目标受众等的优先顺序。

让我们开始吧

① 收集你们的想法。

② 设置排序和优先级排序的基本标准。

③ 第一轮：整理、分享、讨论。

④ 第二轮：依据更多的相关标准进行重新整理。

⑤ 反思、确定接下来的步骤。

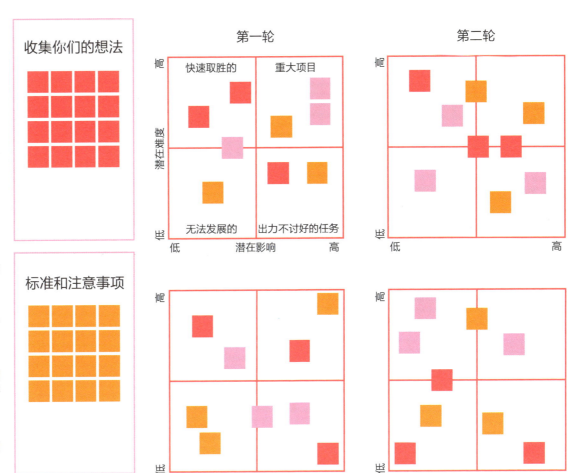

收集你们的想法

标准和注意事项

第一轮

高
潜在难度
低

快速取胜的　　　重大项目

无法发展的　　　出力不讨好的任务

低　　　潜在影响　　　高

第二轮

然后，引入你想采用的另一种方法，例如，在每次会议结束时加一些简短的反思。就像斯坦福设计学院所教授的那样，你可以使用表达建议的三种句型："我喜欢……，我希望……，我想知道……"很快，你就会掌握协作方法的全部配方。

　　最后，一定要牢记，专业的协作设计师还能指导习惯的养成。好的协作设计不会只局限于一次互动，而是能够帮助团队逐渐积累成功的经验。

　　一旦你不需要再考虑添加方法，就可以量身定制自己的方法了。每个团队都各不相同，你们的战术手册需要适合你们的情况。很快，你们就能按照自己的谱表即兴演出了。

推荐阅读

亨利·利普曼诺维奇（Henri Lipmanowicz）、基思·麦坎德莱斯（Keith McCandless），《解放结构的惊人力量》（*The Surprising Power of Liberating Structures*，2013）

这本书应该是协作方法方面的最佳参考资料。作者在介绍他们的 33 种方法之前，提供了一系列理论和背景知识。

福格（BJ Fogg），《小习惯》（*Tiny Habits*，2020）

作为斯坦福大学的教授，福格因其对"习惯如何养成"的深入研究而享有盛誉。这本书的标题即是一句妙语：愚公移山，即从小处着手，循序渐进地改变。

LUMA 学院，《为人们创新》（*Innovating for People*，2012）

这本以人为本的设计方法手册，为协作设计奠定了坚实的基础。LUMA 的创始人精心挑选了 36 种最有效的方法。这些方法不但简单易学，而且每种方法都有详细的解释，你拿来就可以使用。另请参阅 2014 年《哈佛商业评论》中的文章《创新的分类》（*Taxonomy of Innovation*）。在这篇文章中，LUMA 解释了其方法的层次结构。

戴夫·格雷（Dave Gray）、桑尼·布朗（Sunni Brown）、詹姆斯·麦克奴弗（James Macanufo），《游戏风暴》（*Gamestorming*，2010）

《游戏风暴》是一个永恒的经典，服务性企业可以反复用它规划会议和研讨会等。它实际上是一系列的训练和活动方案，通过践行这些训练和活动方案，你也能够通过各种方式让团队参与协作。此外，引言部分对会议的形态特征以及如何设计整体体验给出了清晰的解释。

赫斯特·欧森（Kursat Ozenc）、玛格丽特·哈根（Margaret Hagan），《工作需要仪式感》（*Rituals for Work*，2019）

基于研究和团队心理学，两位作者提出了 50 种仪式，你可以立即使用这些仪式来强化协作习惯。另请参阅后续书籍《在线会议需要仪式感》[2020，与格伦·法哈多（Glenn Fajardo）合著]，书中包含了一系列"疏远－亲密"的仪式。

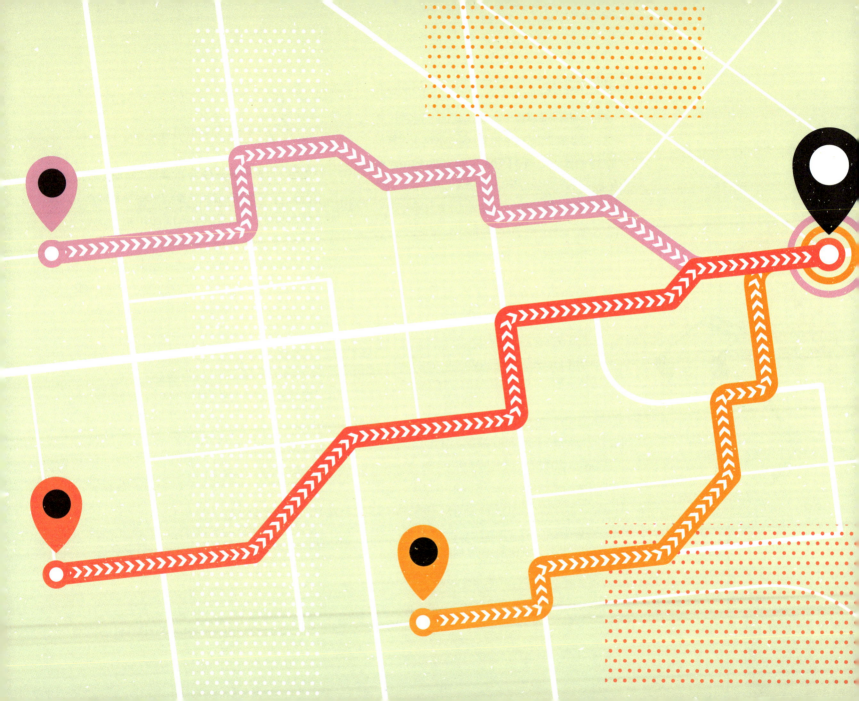

5
第五章 协作空间

创造理想的环境

2005年，我（马里亚诺）与他人共同创立了一家名为"三个甜瓜"（Three Melons）的小公司，专门制作网络游戏。后来，我们推出了一款名为 Bola 的网络热门游戏，并为之花时间做了一番市场营销。结果，我们很幸运地在 2010 年被迪士尼并购了。

这样，我们脱掉了小型初创公司的帽子，经常在布宜诺斯艾利斯（我们的家乡）、山景城和洛杉矶三个城市之间展开协作。我们亲身体验了幻灯片对人的认知产生的消极影响：我们的新同事靠在椅背上逐一评判每一个要点，结果他们即

没有提出新的想法，也没有改进旧的想法，而是认为他们所看到的东西已经"完成了"，没有任何讨论的余地了。

在这里我们可以看出，幻灯片没有提升人们的参与度，也没有激发人们对新观念的探索，而是让观众昏昏欲睡。然而，我们希望看到人们可以参与其中，进行无所畏惧的变革，甚至"突破"。

为了解决这个问题，我们提出"壁挂白板"（Mural whiteboard）的概念，最初称之为"涂鸦板"（Medley Board）。

涂鸦板这一概念界定的是二维线上环境。在这样的环境下，参与者可以各种方式将自己的观点和想法可视化。涂鸦板利用颜色、形状和不同的版式，给予参与者一个在共享白板上自由涂画的环境，为团队提供了一种取之不尽、用之不竭的资源，是一个具有自适应性的空间，满足了公司的需求，激发了我们的想象力。

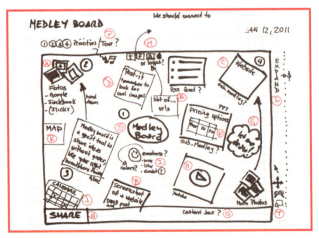

涂鸦板的原始概念草图。

使用涂鸦板，人们会觉得自己是被邀请到安全的环境中迭代，不用再担心自己的精美设计被打断。

我们早就发现方法的重要性，发现它可以影响我们的团队互动。不过，我们从涂鸦板以及它所带来的创新中悟出的道理——只有更宽泛的环境，才能催生关系紧密的团队合作，更具深远意义。

事实的确如此，有研究表明，协作发生的环境是团队成功的首要因素。

想要改善协作效果和协作结果，就得努力创建适宜的环境，因为协作空间可以为关系紧密的团队提供动力。

我们的协作空间概念涉及团队协作的整套方法，既包括物理空间和数字化空间，也包括混合协作、虚拟现实。这里，"空间"一词包括开展协作的动态空间和隐喻空间，以及共同工作的社会边界。

十多年来，我们曾与数百个团队合作。期间，我们看到了互动空间对团队协作的深远影响。这让我们不得不问一个重要的问题：我们怎样组织协作工具和环境才能催生卓越的团队协作？

创建协作空间

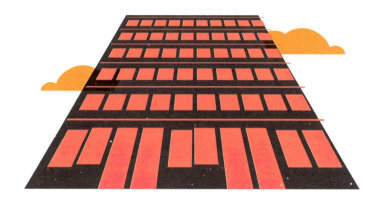

在过去，一个"大一统"的协作工具掌控着整个团队的协作景观——办公大楼。一些领导者认为，他们的团队拥有一个共同的物理空间，所以无须考虑其他协作手段。

然而，只要是知识工作者，他就会告诉你，人们的距离近并不能为协作保驾护航。现在，新的空间已经出现，并带来新的协作契机。公司想要创新，必须接受工作方式的变化。

无论是现实的、数字的，还是两者混合的，能为团队提供一个专门的合作场所，才是真正的协作空间。也就是说，协作空间不仅能为团队互动和生产力提升提供便利，帮助团队实现共同目标，还能为团队关系的发展提供支持。我们对共同空间的定义是：一个适应性强、包容性强、可完全访问的共享空间，它形式灵活多样，没有地区差异，能够满足所有用户的需求。

我们归纳了协作空间的几种基本类型：

物理空间。出于各种原因，物理协作空间（至少到目前为止）自发创建关系链的能力通常被认为是无与伦比的。在物理空间中，人们可以在开会前、中场休息时或下班时与他人培养感情，而且肢体语言和语调还可以为理想的沟通增添丰富的色彩。实际上，对大多数人来说，物理空间的互动是舒适的常规互动。不过，我们越来越多地看到，数字技术为物理空间提供了巨大的能量。触摸屏、显示器、信息站等在不耽误团队进行物理空间互动的同时，实现了团队的在线协作，可以帮助团队更好地过渡到其他类型的空间和其他模式的协作。

线上空间。合作的团队很少会在同一栋大楼里办公，因此在线数字协作已成为如今的新常态，我们完全可以通过软件与他人互动。从这个意义上说，团队创建的空间实际上相当于一系列方法。

混合空间。共同空间并不是非此即彼的命题，它们可以在混合空间里组合，即允许人们在网上互动，也允许人们在物理空间里互动。混合空间已不是什么新鲜事物，在后疫情时代，混合协作就已经成为合作的主导模式。在我们调查的团队中，大约 60% 的团队大部分时间是在混合空间里工作。

我们曾对协作进行过数个实验，直接对比了不同的空间对团队合作的影响。你也可以实验一番：让不同的团队在不同的环境下同时参加同一个会议或研讨会，即一个团队现场参加，一个团队远程参加，一个团队在混合空间里参加，然后让他们接受同样的挑战，这样你可以观察不同团队的互动情况以及他们开会的效果。

在这些实验中，我们发现了一个共同的模式：在给定的会议上，会议成果的类型和数量因团队而异。在现场的团队往往会花更多的时间讨论手头的主题，而在线参与的团队交谈较少，因此前者通常在会议成果（如头脑风暴期间的想法）的数量上少于后者。理论上，混合型团队应该兼具两者的优点，但团队互动不平衡会导致团队成员分心，所以团队效率不及其他两种类型的团队。

完全面对面　　　　　混合型　　　　　纯线上

不管你的出发点是什么，有人总是需要关注协作的步伐和节奏，研究如何使用方法来指导互动。协作设计不仅探索空间，还塑造整体体验。

虚拟现实（VR）空间。你肯定听过有人这样大肆宣传：虚拟现实即将到来。然而，虚拟现实真的能给人带来好处吗？它对工作有帮助吗？最重要的是，虚拟现实能增强协作吗？我们相信，答案是肯定的——尽管虚拟现实何时成为协作的常规渠道还有待观察。从我们目前所观察到的情况来看，虚拟现实能给团队协作以及人类互联带来巨大的价值。此外，虚拟现实最大的优势在于，它能提供身临其境的体验。如果说媒介就是信息，那么虚拟现实就是能够带来大量信息的媒体。

在使用虚拟现实这一媒介的过程中，我们看到了许多它的优点：

虚拟现实能够摆脱限制。因空间和工具摆脱了限制，团队原本做不到的事情，现在可以做到了。虚拟空间既有物理空间里对事物的感知和面对面交流的亲密，也有数字技术的便利，兼具了两者的优点。

虚拟现实能够增强关联。虚拟现实可以给参与者带来身临其境的体验，增强参与者对他人的感知。我们的经验表明，团队在虚拟现实中与他人互动的亲密程度与面对面互动的亲密程度不分上下。

虚拟现实能够加速问题的解决。在虚拟现实中，空间的设计能加深人们对团队活动的印象，增强团队成员的理解力和记忆力，使团队更容易达成共识。

通过对不同的受众进行测试，我们发现了虚拟现实的优点所带来的好处：在虚拟现实中，团队协作的质量通常会更好。

如果你的团队能够接受虚拟现实，认为它对团队有帮助，那就将虚拟现实当作补充的协作模式来使用吧。我们的同事、电压控制（擅长引导技术和协作的领导力咨询公司）的总裁格拉斯·弗格森告诫我们："戴耳机总比乘坐航班便宜。"

当然，没有人希望员工一天八小时都戴着耳机。关键是，我们要认识到虚拟现实也有它的时间和地点。我们还要牢记，在虚拟现实中完成的工作不会困于或局限于虚拟现实空间。虚拟现实系统与其他方法相结合，就可以在虚拟空间以外工作。

想到这里，还有一个需要探讨的关键问题：现实与虚拟现实空间的转换。这不仅是一个实际问题，还是一个认知问题。那么，你应该如何引导参与者形成一个正确的心态？进入虚拟现实，如何设定新的期望值呢？

叙事是这一过程的重要组成部分。"强大的椰子"（Mighty Coconut）的设计总监、虚拟现实设计专家唐·卡森（Don Carson）在一次小组讨论中说道："虚拟现实的叙事不是线性的，在设计和布局空间时，需要考虑周围的环境因素，这样人们一走进虚拟空间，就有一种熟悉感，并与之产生共鸣。进行这种环境叙事，你需要说明，有人已经进入了虚拟空间或已经住在了这里，或活动已经开始。"

我们发现，在虚拟现实中创建协作故事板有助于叙述一个

完整的体验故事。通过创建故事板，你可以在创建虚拟现实体验之前，掌握互动的各种元素和组成部分。

Mural 的团队就是这样做的。它们一直在利用虚拟现实建设团队，建立更深层次的关系链。

设计协作空间

协作设计师应如何精心设计团队发展所需的最佳环境呢？你可以先进行一些初步的观察，然后在一个简短的研讨会上概念化更新的空间。以下是我们的建议——开启这一旅程的方法配方：

纪实观察。创新始于敏锐的观察。纪实观察方法大肆张扬，因此可以看清公司团队协作的真实情况。纪实观察很简单：选择几个团队，然后跟随他们并观察他们的行为（例如，在集会和工作会议期间）。一定要特别关注他们工作的空间和他们使用的方法和工具。他们进行互动、记笔记、截屏、拍照时，你要静静地观察。（你需要观察很多天才行，累积观察时长要达到数小时。）

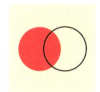

概念绘图。首先根据积累的观察结果，绘制出你认同的各种概念，如人、地点、方法等。然后绘制模型中的对象（名词）并用线连接（动词）来说明它们之间的关系，最后圈出并标记图表中出现的相关分组和主题。（1 小时）

玫瑰、荆棘、花蕾。关注积极因素（玫瑰）、消极因素（荆棘）和有潜能的因素（花蕾），反思迄今为止你们对概念模型的理解，然后以小组为单位收集人们对协作空间的评估意见。下一步，你可以按主题将玫瑰、荆棘和花蕾聚类，从中发现各种模式，之后再通过头脑风暴解决问题。（30 分钟）

创意矩阵。首先，使用一个大网格指引头脑风暴，使团队产生广泛的创意。其次，在公司高层指定不同类型的协作者；最后给每行指定要解决的主题或讨论话题。每行的内容可以是任一协作空间要完成的工作。（30 分钟）

创建故事板。从创意矩阵中挑选一些创意，将其制成一系列图像以展示其使用情景，然后以故事的形式，描述公司改进后的协作空间是什么样子。（1 小时）

共享空间的工作

　　基于前期的研究和观察，我们确定了一组团队在共享空间协作需要完成的核心工作。团队在设计协作空间时，无论在哪里互动、如何互动，都需要牢记这些工作。每项工作所使用的不同工具的性质界定了公共空间的协作，具体为：

在中心位置共享、存储、归档材料。团队需要一种交换不同格式的信息的方式。

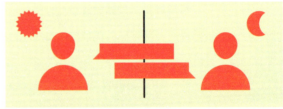

异步通信。在两个触点之间保持团队的动力可能会有一定的难度，尤其是跨时区工作。

一起实时做决定。无论是个人之间，还是在团队中，团队成员都需要直接与同事交谈。

规划、跟踪、管理工作流程。协作需要协调，好的规划方法可以提高团队的效率。

实现动态沟通

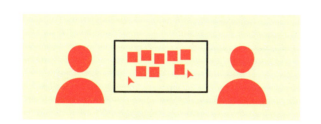

创造性地实现问题解决可视化。绘制团队的集体创意是促进共同理解和决策的关键。

我们可以将这些要做的工作分为相关联的四大类：动态沟通、视觉协作、游戏空间和自适应空间。

> 高质量的协作——推动科学、艺术和技术突破的努力——既没有出现应有的频率，也没有达到应有的强度，在很大程度上是因为很少有专门鼓励或支持它的好方法。
>
> ——摘自迈克尔·施拉格的《思维共享》

协作空间需要一种稳固而灵活的沟通方式。可讽刺的是，现在数字沟通渠道增多了，现代团队进行有效沟通反而更难了。电子邮件、聊天软件、文档、演示文稿、电子表格和视频通话都会对沟通产生独特且深刻的影响。

例如，基于语音的交流平台因其结构化的句子、特殊的词汇，甚至说话者本人的性格特征（无论他们的性格是内向还是外向），不可避免地会导致线性思维。尽管这些工具给人们的沟通带来了便利，但是它们也会带来局限性、排他性、混乱、噪声，甚至分散人们的注意力。

对于现代团队来说，沟通工具的基本结构往往对协作起着决定性的作用——不仅决定了协作是否可行，还决定了人们的协作感受。团队需要一个协作空间来促进"动态沟通"。这里，我们所说的动态沟通意味着，为增进理解，团队可以自由地分享信息和想法。

如果动态空间支持沟通，参与者就可以解释、反对、重复、理解或调整共享的内容，从而达到增强理解、扩展背景、解释细微差别的目的。从动态意义上思考协作空间不仅有助于协作设计师协调团队成员，还可以为良好的团队合作创造有利的条件。

创建视觉协作空间

你能想象下棋没有棋盘吗？在热门迷你剧《女王的棋局》中有这样一个场景：主角们正在玩一个口头说出下棋招式的游戏。结果，能在脑海里下棋的人很少。棋盘能够给玩家提供可视化的模式，减少玩家对下一步招式的认知处理。剧中的游戏缺失了解决问题的关键要素。

人类大脑处理视觉信息的能力优于处理文本的能力。当概念可视化时，我们能以一种独特的方式理解各种模式和关系。不过，大脑会将视觉和语言联系在一起。因为我们可以谈论我们所看到的，所以将这两大系统关联到一起是有道理的。

将思想可视化可以使思想更加明了，也可以在很大程度上使团队更容易共享思维空间、借鉴彼此的想法。视觉空间通常会给动态沟通提供便利，帮助团队探索思路、理解问题、进行创新。

从这个意义上说，可视化工具就像"想法碰撞器"。在物理学中，创新就是通过粒子在粒子对撞机里猛烈碰撞产生的。除了想象力，我们还需要恰当的技术和技巧，以独特的方式组合或重组思想。

可视化能对团队协作产生许多影响：

可视化有助于实现团队协作。没有记下来就等于没有发生过。将工作可视化可以使团队协作更加明了，有助于团队找到创设情境、探索细微差别、相互协调的新方法。

可视化可以提升参与度。视觉协作可以产生许多不同的观点，因为每个人都可以参与其中。在会议和研讨会上沉默的人经常会突然成为视觉对话中"声音最大"的一个。调动人们的思维，可以让每个人在平等的基础上作出贡献。

可视化可以增加趣味。有了图片、形状和颜色，工作会变得更有趣。人们可以用有趣的方式来表达自我和想法。

可视化可以构建共同理解。有人说一张图胜过千言万语，可视化更是如此，它可以帮助团队成员达成共识。当想象以视觉形式表现出来，团队成员就会达成共识，就可以集体协商现实问题。

设想一下，通过提高以视觉方式处理想法和信息的能力来增强公司所有员工的脑力。如果团队有了这样的方法和技能，可以用视觉化的方式更好地共同应对挑战，会如何？如果他们在眼前就能看到解决方案，从而更快地做出决定，会如何？如果你将高效视觉协作拓展到整个公司的团队，又会如何？

让我们探讨一下，集简云（Zapier）（一个允许用户在线相互连接应用软件的服务工具）是如何帮助团队通过视觉协作实现共同目标的。高级产品经理理查德·安劳（Richard Enlow）的团队在进行用户调查时，将各种来源的原始用户反馈信息放到视觉画布上，使其更容易识别模式、形成分组、共享反应。这种可视化的做法将原始数据转化为重要的调查结果。这样，一切——调查结果和原始研究数据——都准备好了，下面要做的就是将其分享给营销和产品业务团队的下游利益相关者。

不仅我们的视觉感知变快了，我们的视觉协作也变快了。将纪实观察的对话可视化，以图形方式记录口头对话是很容易的。

理查德还利用用户旅程地图和服务规划来改善客户体验、设计新的特色服务。通过可视化这些框架中的数据，他的整个团队确定了急需解决的产品和体验问题。

可视化的工作是达成共识的关键，正如理查德所说："可以让我们确保我们所做的有关公司和客户的决定是正确的。"

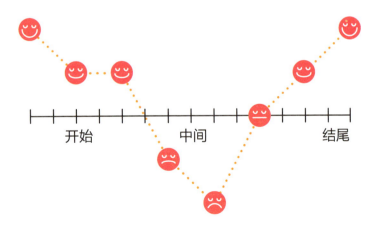

设计游戏空间

迈克尔·施拉格在《严肃游戏》（*Serious Play*）（2000）一书中声称："成功协作的关键是创建和管理'共享空间'。"然而，仅仅对话和分析还不足以创新。创新最终取决于游戏。

游戏可以激发人们的好奇心和求知欲，帮助团队提升合作质量。给予团队玩游戏的空间和权限是释放团队集体想象力的关键。这里的"玩游戏"并不是无关紧要的玩耍。绝不是。正如施拉格所说，它是值得人们重视的业务。

除了能让工作变得有趣、有吸引力之外，创建严肃游戏的空间还能带来好的业绩。大量研究表明，玩游戏可以提高人的思维能力和创造力。玩赢游戏还会给团队带来一定的动力。

根据伊恩·博格斯特（Ian Bogost）推广的"程序修辞学"（procedural rhetoric）概念，有意识地在公共空间使用协作方法指导游戏有助于团队达成共识，促进团队成员相互学习。他认为，在实际过程中，相较于其他学习模式，重复游戏的效果更好。"边做边学"不仅适合个人，而且适合团队。团队要学习并实现目标，不仅要依靠对话和言语，还要依靠共同行动。

游戏有助于消除恐惧。协作设计师可以使用游戏的方法帮助团队成员获得心理安全感，因为游戏有助于人们建立信任、接受变化。除了对团队有利，游戏还可以帮助我们想象出不同的商业模式。我们难以想象 5 年或 10 年后的世界将会是什么样子，但所有公司都需要为不确定的未来做好准备。游戏对发展至关重要。

创建自适应空间

今天，所有的公司都在努力提升自身的敏捷度。随着不确定因素融入日益全球化和竞争激烈的市场，公司必须接受变革，拥有快速运转的能力。

迈克尔·阿里纳（Michael Arena）是公司网络分析的创始人和主要专家。他做过一些十分有趣的工作，目的是理清各大公司的协作模式（等同于他所说的"自适应空间"），这在他的同名书里有详细介绍。

自适应空间不是现实或虚拟空间，它存在于整个公司的协作网络之中，是人们以独特的方式跨筒仓、跨部门联系所产生的能量，介于传统管理的运营空间和战略空间之间。你可以将自适应空间想象成一个自由贸易区，在这个自由贸易区里，货币就是创意。当人们之间的关系链促进团队内部和团队之间的创造性互动时，自适应空间就会发挥作用。

关系链不是结构因素，也不是过程因素，而是一种社会资本，能让公司更富弹性和敏捷性。它可以通过人、思想和资源之间的关联产生，也可以在团队协作过程的学习中产生。

因此，要全面了解协作"空间"，就不能只考虑软件所支持的物理空间和虚拟空间，因为还有一些更难绘制的动态空间，它们在本质上更具社会性。这些社会空间并不是完全无形的，你可以通过协作评估理解、绘制、衡量它们（第 7 章会进一步讨论）。

理解和利用评估结果不仅需要全面了解协作的共同空间，还需要重新拟定如何通过第二个基本维度——时间——进行协作。

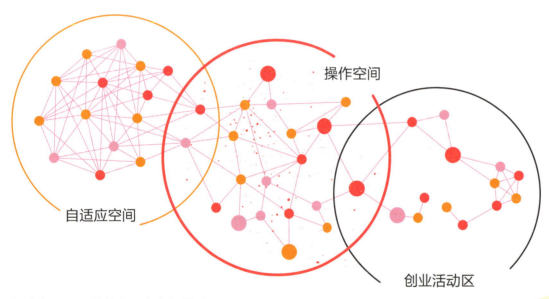

操作空间

自适应空间

创业活动区

迈克尔·阿里纳的自适应空间模型

推荐阅读

迈克尔·阿里纳（Michael Arena），《自适应空间》（*Adaptive Space*，2018）

多年来，阿里纳一直在研究公司创意的产生和流动这一基本问题。这本书以他的亲身经历为例，总结了他的研究成果，非常实用，能够给人灵感。阿里纳认为，大型公司进行创新的关键是在人和团队之间建立关系链，只有这样创造力才能蓬勃发展。

迈克尔·施拉格（Michael Schrage），《严肃游戏》（*Serious Play*，2000）

施拉格介绍并推广的"严肃游戏"的概念早于该术语的许多现代用法。他主要阐述了原型设计，并将其视作鼓励探索和团队合作的具体概念。《严肃游戏》很超前，即使在它的创作过去了二十年的今天依然重要、新颖，甚至更重要、更新颖。

奥莱·奎斯特·索伦森(Ole Qvist Sorensen)、罗亚·巴斯特鲁普(Loa Basstrup)，《视觉协作》（*Visual Collaboration*，2020）

这本书有趣且实用，它详细介绍了团队创建自己的视觉语言并将其付诸实践的整套方法。作者主要讲述了绘画以及如何简单地绘制形状和图形来表达各种概念。这本书讲解透彻，条理清晰，在视觉上极具吸引力。

斯蒂芬·安德森（Stephen Anderson）、卡尔·法斯特（Karl Fast），《寻找答案》（*Figure it Out*，2020）

本书由 Mural 公司的斯蒂芬·安德森和信息架构师卡尔·法斯特合著，总体探讨了人类的理解力。它的第三部分包含了几个有关视觉理解的章节。作者们讲述了他们精心研究过的观察结果，列举了大量的例子。

桑尼·布朗（Sunni Brown），《涂鸦革命》（*The Doodle Revolution*，2014）

本书以手绘为重点，概述了视觉素养的一个引人注目的案例。桑尼揭穿了许多有关绘画的神话，其中包括认为成年人不会画画的神话。有了这本书，任何领域的人都可以利用插图的力量。

斯科特·多尔利（Scott Doorley）、斯科特·威瑟夫（Scott Witthoff），《创建空间》（*Make Space*，2012）

这本书主要关注了协作的物理空间设计，详细说明了环境对协作的重要作用。它还强调了协作设计细节的细化程度：不管是房间里的家具类型，还是家具在空间中的方向，都会影响团队的行为、贡献和创造力。作者所提出的空间目的性也适用于数字化空间——不存在偶然性。

6

第六章 **协作模式**

关于协作时间和空间的思考

想搞定营销活动方案？那我们就再沟通。想要有新进展？就把问题放到日程表上。

回想上次——即将到来的项目或最后一刻被指派的任务。你需要咨询你的老板，可他们太忙了，无法立即给你答复，于是你建议在他们的日程表上留出时间专门来解决你的问题。

对此，你根本没在意，因为这种情况司空见惯。

原因是，会议是许多公司"默认"的协作方式。据统计，员工平均每天要参加 5 次会议，每次平均花费 55 分钟。为什么有这么多会议？花这么多时间开会，尤其是和一群人看别人演讲，真的有必要吗？

可以肯定的是，有些会议还是不错的，但糟糕的会议也太常见了，这直接降低了员工的时间利用率。我们对高级经理进行了调查，他们认为 70% 的会议是浪费时间的，65% 的人认为会议耽误了他们的工作进展。

会议过多的原因很多，如团队习惯、感知（或实际）的紧迫性和领导的期望等。《哈佛商业评论》中一篇关于会议心理学的文章指出，"会议 FOMO（fear of missing out）"（会议错失恐惧症）是一股强大的动力。无论是对是错，出席会议都被认为是展示能力和贡献的方式。此外，固定的会议时间是最后期限前完成任务或让工作有新进展的外部动机——一种问责手段。

这篇文章还指出了导致"会议瘾"的很多因素。首先是单纯紧迫效应，即哪怕事情不重要也想赶紧做完的心理。其次是多元无知，即认为自己是唯一一个反感会议的人。最后是会议失忆，即不记得上次会议所发生的事情。

新冠疫情使会议问题更加突出。对许多团队来说，增加会议是为了弥补面对面沟通的缺失。突然改为远程工作意味着突然需要预先安排好所有集合的时间，包括会议时间、签到时间以及应酬时间。远程办公后，感觉会议变多的人可不止你一个。

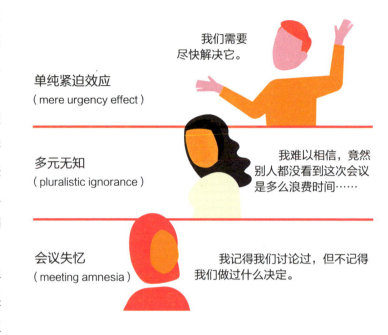

单纯紧迫效应
（mere urgency effect）

我们需要尽快解决它。

多元无知
（pluralistic ignorance）

我难以相信，竟然别人都没有看到这次会议是多么浪费时间……

会议失忆
（meeting amnesia）

我记得我们讨论过，但不记得我们做过什么决定。

只不过，会议变多了并不等于人们的关系更加紧密了，而且并非所有现场互动的时间都能整好卡到 30 或 60 分钟。在新冠疫情期间，我们发现，会议变多并没有带来更好的结果。

协作模式

会议文化被破坏了。虽然这么说有些冒昧，但它的确被破坏很久了。我们想帮助人们认识这个问题，并改变他们的协作方式。不恰当的会议设计表明，公司的协作文化有问题却没人管。

但希望还是有的。我们看到很多团队都在调整和变革。例如，思爱普人力资源管理云平台（SAP Success Factors）的产品设计团队发现，将共享工作空间和周密的协作相结合不但能帮助他们将决策速度提高两倍，同时还能减少交付成果的周转时间。

他们召开会议的方式发生了转变，而且还有更重要的因素开始起作用。该公司的一位高级副总裁告诉我们，这与他们管理——或不管理——时间的方式有关："我们低估了（Mural）异步工作模式的力量……"

思爱普公司在实际工作中进行精心的协作并看到了实实在在的效果。不但分散的团队提升了跨时区工作的质量，而且因为有了专门为团队设计的公共空间，团队的异步协作也增加了。最终，从销售到产品设计，整个企业都因效率的全面提高而受益。

他们还告诉我们，员工的整体体验（包括新员工入职和人才保留率）也提升了。

我们认为，现在最大的问题是，大多数人无法区分不同类型、不同模式的协作。好的协作设计需要细化团队参与的方式、时间和地点。例如，我们发现，将信息和演示文稿录制成视频并让人们按照自己的节奏来消化视频内容，不仅可以大大减少实时会议的数量，而且可以缩短预定会议的时间。

关键是观察人们互动的方式，包括但不限于实时会议的互动方式。只有这样，你才能优化协作，使其更有效，更适合不同的情况。

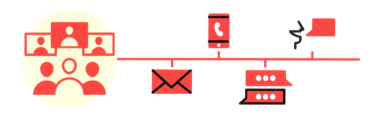

我们制作了理解不同协作模式的模型，该模型关注了两个主题：时间和地点。

提到时间，我们会想到同步和异步协作。

同步时间是与团队其他成员一起在现场工作的时间。这时，你可以提前规划活动的细节来指导对话。同步交流可以现场进行——面对面或打电话——也可以在网上聊天或发电子邮件。如果人们可以顺畅地迅速作出回应或进行对话，那么我们就认为这种交流是同步的。

异步时间是指团队成员分工协作，在不同的时间独立完成各自工作的时间。团队成员之间可能会相互依赖，但参与工作的时间不会局限于特定的会议时间。同事之间通常按照不同且灵活的时间轴，以书面或录音的形式进行交流。

像划分前一章所描述的团队工作的公共空间一样，我们将地点或团队协作的地方分为两大类：

现场团队位于同一物理位置。

远程团队之间相隔一定的距离。

如果我们把这些维度放在一张图上，就会出现四种不同的工作模式。第五种模式——混合式同步——会作为混合模式呈

现。团队成员一部分在现场工作，另一部分同时进行远程工作时，就会出现混合模式。

下面让我们逐一详细分析一下。

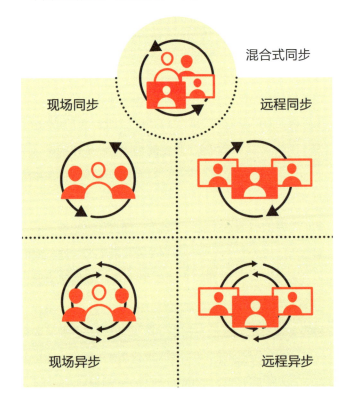

现场同步

现场同步模式的特点是，人们在物理位置进行面对面的互动。团队成员之间进行诸如会议、研讨会、培训以及一对一对话等方式的实时沟通。这种沟通方式是成本最高的协作模式，应该被视为一种奢侈品。

长期以来，现场同步互动一直被视为协作的黄金标准，例如敏捷实践就一直将现场同步协作理想化。敏捷宣言（敏捷哲学和原则的最初来源）甚至宣称："面对面对话是向研发团队或研发团队内部传达信息的最高效的方法。"

现场同步互动的优点是包含丰富的非语言交流。专家们普遍认为，大多数交流靠的是非语言——估计超过70%。当你和同事处在同一个房间内，你可以看到他们的手势和面部表情。你可以听到并感觉到他们所做的深呼吸，这是他们在以非语言的形式传达信息——轮到他们讲话了。

现场同步还允许人们在预定的会议时间之外继续进行社交方面的协作。团队可以在开会前后建立紧密的关系，并随意地进行随机互动。你们一起走进会议室，之后你可以看到你的同事们都去了哪里。他们可能会主动进行闲谈。面对面交流给人的感觉更自然、更流畅。

有时，人们并不是经常见面（即不在同一个办公室里工作），而是因一个特殊的活动聚在一起。对于这种情况，协作设计也可以发挥作用。团队应努力地利用这些面对面的时间，最大限度地与他人建立关系链、扩大社会交往范围。

媒介丰富性理论是组织科学家提出的一个框架，认为面对面互动整体上为更丰富的交流提供了条件。

在以下情况下尤其如此：

- 建立融洽关系并了解同事。
- 持续解决复杂的创造性问题。
- 作为一个团队操纵物理对象（如实验室工作）。
- 与新老客户面对面互动（如零售、客户服务）。

远程同步

现代工作的现实环境并不允许我们一直进行面对面的同步协作。事实上：

- 到 2028 年，73% 的部门将至少有少量的远程工作者。
- 85% 的管理者认为远程和混合式工作将成为"新常态"。
- 94% 的人会选择无限期远程工作，即使只是兼职。

重要的是，我们要理解远程的真正含义。麻省理工学院教授托马斯·艾伦发现，员工办公室之间的物理距离会影响他们交流的频率和内容类型。他的研究表明，即使距离只有 72 米，人们的交流就和不同办公地点的交流相差不大了。因此，远程工作也包括一个办公园区两栋楼之间的协作，甚至是一栋楼里的跨楼层协作。

远程协作并不是新生事物。早在 1973 年杰克·尼尔斯（Jack Nilles）就创造了"远程办公"(telecommuting) 和"远程工作"（telework）这两个术语。在这之前，道格·恩格尔巴特（Doug Engelbart）早在 1968 年就提出了在线系统著名的"所有演示之母"（mother of all demos），展示了现场远程团队的远程协作特点。从那时起，远程工作者的数量稳步增加。在这些年里，我们也了解了远程协作的最佳做法。

然而，新冠疫情从根本上改变了这一现状。第一次，数以百万的员工被迫进行远程工作。为解决包括硬件、关系链、管理、工作政策在内的问题，所有公司被迫迅速做出调整。

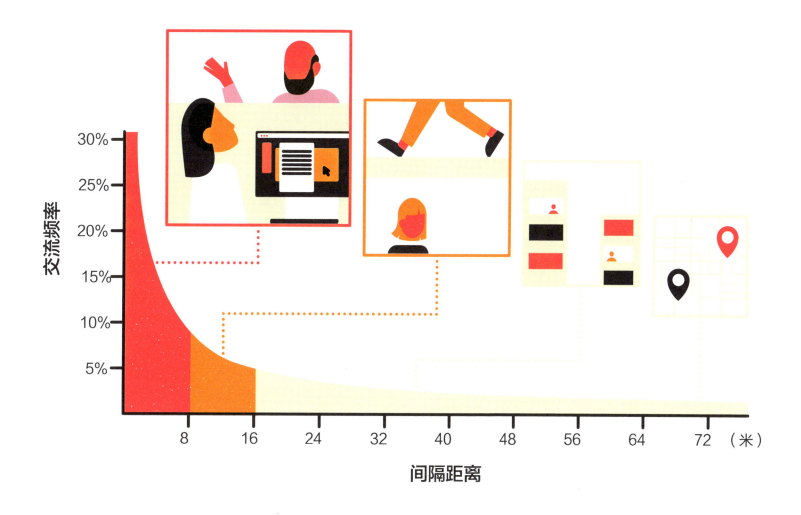

在转变的过程中，团队最常采用的一种协作模式是将平时的面对面互动转变为电话会议。结果引发了"Zoom 倦怠"（Zoom fatigue）现象：人们每天花八个小时或更长时间连续打电话；工作环境的转变大大减少了注意力持续的时间；同事们也没有感到团队成员之间的关系更加亲密或紧密。新冠疫情期间的实际情况是，许多在家工作的人都饱受孤独之苦。

所以，群体工作急需一个新方向。2019 年，我（马里亚诺）在做关于远程研讨会的演讲时，有人问："你如何以远程方式举办为期两天的八小时研讨会？"这个问题表明，提问者在脑海中既想到了现场协作，同时也想到了远程协作。

"为什么你们开研讨会，一次要八个小时？"我反问道。接着我建议，一系列短小的会议更适合分散的团队，这一点是她没有想到的。我还建议她改变这一范式：不是安排两天的研讨会，而是将研讨会分成小的模块，然后逐渐地分开进行。

事实也证明，群体不仅希望一起解决他们所面临的严峻业务挑战，还希望在个人层面建立紧密的关系。使问题复杂化的一大原因是，会议负责人没有设想在远程工作条件下进行团队建设。

因为远程同步没有那么多现场聚会的偶遇和随意交谈，我们建议"有计划地出击"（planned spontaneity），或专门留出时间让人们搭建关系链。你可以通过热身、破冰等团队建设活动来帮助个人建立关系链，不过这些活动需要周密的计划。

相对于现场同步，有些人更喜欢远程同步，因为远程同步往往可以获得更广阔的视角，而且如果协作设计得好，远程同步还可能更快速、更高效。

艾特莱森的项目经理爱丽丝·梅丽诺（Alice Merlino）告诉我们，相对于敏捷宣言，她更喜欢与远程团队一起执行敏捷仪式。

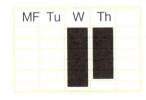

她将一系列诸如广泛听取分散的团队成员的声音、充分做好准备工作等在线方法融入她的会议，从而加快了她前进的速度。

远程同步协作适用于以下各项任务：

- 逐步建立个人之间的关系链。
- 吸纳广泛群体的不同观点。
- 召开讨论和解决问题的常规会议。
- 清除团队成员的障碍。
- 迅速理清模棱两可的事实。

远程异步

我们通常认为异步协作（或简称"异步"）是远程进行的，即在团队成员分开时进行的。在异步工作中，人们分别在自己的工作站里独自推进工作，但他们在某种程度上都是为了整个团队的业绩而处理手头的材料。

异步不但可以用于完成会议前的某类工作，也可以用于同步工作的准备工作。例如，开会前将演示文稿共享给所有参会人员，让每个人都有充分的时间准备问题和讨论要点。此外，团队成员还可以在现场会议之外的头脑风暴会议中添加想法，以便最大限度地利用时间。

让我们看看 Loom 公司的产品开发副总裁安尼克·德拉姆赖特（Anique Drumright）是怎么做的。他分享给我们的做法是：将信息共享和数据展示转移到视频中，让团队成员在参加工作会议之前独自观看。这样，他们在实时互动和讨论时就可以专攻谈判和决策，不用再消化会议内容。

远程异步工作并没有得到充分利用，但它有利于：

- 单独进行深度工作，解决棘手挑战。
- 共享不需要讨论的信息。
- 跨时区工作。

现场异步

现场异步是一种不太常见的工作模式，但它也实实在在地存在着。你可以设想一下下面的情景：人们按照挂在办公室里的一张招贴画或工作表逐步展开工作。所有参与者必须待在同一地点，但没有给出特定的时间。

我们曾经在公共区域悬挂一张大的招贴画，将现场异步帆船法应用于一个项目团队。方法很简单：在帆船（象征着团队）图下面指出锚（阻碍项目的因素）和风（推动项目前进的因素）。异步协作在这个过程中十分重要，因为团队成员需要匿名完成这个任务。最后我们得出的结果是，团队成员对项目的进展很不满意、根本没有达成共识——这让领导们非常惊讶。有

了这些反馈，我们调整了工作方向，让所有人都回到帆船上。

现场异步也非常适合以可视化的开放方式收集协作过程中的意见。在一个持续多日的团队中，我们在 Mural 的同事莱拉·冯·阿尔文斯莱本（LaïLa von Alvensleben）曾使用这个方式。每天，团队成员都需要在公共区域悬挂的招贴画上标明他们的总体情绪。活动结束时，整个团队的模式以视觉的形式逐步呈现出来，而且团队也能够更好地反思团队的整体动态了。

现场异步有利于：

- 提高共享信息的能见度。
- 公开地一起解决简单的问题。
- 反思共同的挑战。
- 收集匿名化的评估结果以提高透明度。

混合式同步

混合式同步协作并不是新鲜事物。事实上，我们的调查表明，大多数团队的大部分时间都是在混合环境中工作的。根据我们的年度调查，平均约 60% 的团队都是如此。

然而，在过去，人们很不擅长开混合式会议。

我们曾问过数百人一个简单的问题："在新冠疫情之前，你有没有见过，人们被召集开混合式（有人到场参加，有人远程参加）会议，结果现场团队忘记拨打远程团队的电话？"答案通常是"见过"。远程团队根本没有机会参与协作。也许没有什么比这更不公平了。

在混合协作的环境中，当务之急是保证公平，因为现场的群体往往在协作中扮演主导者的角色。他们在"这里"，而远程团队成员在"那里"，导致了参与的不平等。

现场团队在对话中占主导地位，而远程参与者在互动过程中自然而然地就成了"二等公民"。这种沟通的不平衡可能会导致严重的后果。领导们往往很少关注远程参与者，结果他们产生了异地人员贡献相对较少的错觉，从而减少了远程工作者的晋升机会。

安装网络摄像头并放映会议室里参与者的视频会有很大帮助，可以不断提醒现场的团队，还有许多不在场的人参与协作。我们还发现了有助于公平竞争的轮流法——参与者按照名单轮流发言，来确保每个人的心声都被听到。像这样的简单替换可以产生很大的影响。

在我们的协作设计策略中，混合式会议依然占有一席之地。它们实现了人们希望能够两全其美的愿望：既有面对面协作的优点，也有远程参与的包容性、公平性和多样性。

参与类型

熟悉不同类型的团队互动对协作设计大有裨益。长期以来，我们一直使用世楷（Steelcase）首次提出的类型的简单框架，即三种核心的协作类型：

信息型。这类聚会的重点是分享信息、发布更新或进展报告。信息型会议通常可以容纳更多人（50 人及以上），主要负责将信息发布出去。我们发现，信息型协作特别适合异步参与，这样就可以在深入探讨之前将演示文稿和其他材料发送到人们手中。例如，使用 Loom 服务软件录制报告的短视频，可以形象快速地轻松传播信息。

评估型。这种类型的会议主要是提供反馈意见，一起审查信息和材料，并做出决定。这类参与类型的群体一般规模较小，通常只有二三十人或者更少，往往通过直接对话达成共识并做出下一步决定。尽管有些工作可以异步完成，但同步工作模式（现场和远程）的效果往往更好。例如，人们可以在同步集会之前或之后进行民意调查或民意测验。

创新型。顾名思义，这种协作可以一起创造新想法和新内容，对不足 20 人的团队效果最好：每个人的声音都重要，参与环境也是平等的。许多人喜欢使用现场同步模式开创新型会议，但远程同步也是一个不错的选择。这种协作类型的某些活动，如个人头脑风暴，可以异步完成，不过不常见。

还有第四种与这些常规做法不同的协作类型：

组队。它是专注于建立和加强团队成员之间关系的互动。

当然，许多协作互动混合了不同的做法和模式。你可以从建设的团队关系链开始，然后进行简单的信息协作，最后进行评估。了解会议的目的和性质、信息的类型和互动的风格有助于选择最佳的协作类型。

办公室的本质

20 世纪中叶，管理学之父彼得·德鲁克（Peter Drucker）发现，现代企业中出现了一类新员工：知识工作者。这些人不靠体力劳动赚钱，他们靠的是思维和想法。于是，将这些知识工作者聚集在一起的地方——现代办公室，就诞生了。从这个意义上说，办公室在本质上也是一种协作工具。

今天，随着远程办公的出现，知识工作者已不再需要待在同一个物理空间。但因为没有办公空间指导谁在何时何地进行工作，许多团队不知道如何互动，结果协作受到严重影响。

扭转这种局面势在必行。团队需要进行灵活多变的协作，需要有效利用各种工作模式。

然而，多模式工作给协作设计师带来了巨大的挑战。他们在创建社会关系链以及制定不同群体的参与规则时遇到很多困难。我们发现，他们最大的问题是在复杂的环境下会产生无所谓的心理。消除这种心理是我们扭转局面的关键。要彻底转变这一传统的"这里－那里都行"的心理，我们可以将远程变为"这里"，将办公室变为"那里"。"云办公"（WFA）策略也是一个不错的方法。根据这一被广泛采用的方法，每个人都是潜在的远程工作者，工作地点已不再重要，没有这里和那里的区分，只有协作。

然而，我们必须清醒地认识到，不同的团队会有不同的需求，多模式协作并不是放之四海而皆准的方法。因为工作场所灵活多变，员工可以自由地在家与办公室之间来回，所以我们需要根据实际情况改变会议习惯。

 这里

 那里

要进行有效的多模式团队协作，仅仅在每个会议室安置昂贵的平板电脑或安排虚拟团队建设活动是远远不够的。光有精心设计的协作空间还不够，还需要重新思考互动的意义和价值，重视对协作体验的设计。如果没有正确的方法，更重要的是，如果没有正确的设计与之搭配，再多的硬件或软件也无法解决我们所面临的问题，因为只有人才能精通跨模式协作。

要精通不同的工作模式，关键是优先进行数字化协作，多利用异步互动。

数字优先意味着所有人参与

成功的多模式团队通常采用数字优先的思维模式。在咖啡机旁做出的决定，在办公室白板会议结束后做出的决定，或者在下班后的快乐时光里做出的决定都不能作数，因为决定需要所有人的同意。如果你们的远程队友错过了，你们就等于失去了很多宝贵的意见，这就是数字技术重要的原因。因此，你们的团队需要将"数字优先"融入所做的每件事中。

数字优先意味着从一开始就将协作设计建立在数字环境里。默认程序应该从数字化的信息——建议、创意、决策等开始。

不在实体办公室的人永远看不到，其他人在办公室白板或挂图上写下的信息。

数字优先不仅需要技术，还需要努力改变团队的行为习惯。例如，让团队有效地使用异步通信就不是一蹴而就的事情。我们发现，有些人的协作风格是"同步主导"：他们更喜欢召开现场会议，往往会安排很多会议。改变同步主导的个性需要有意识地努力才行。

异步协作

有深度工作能力的人才越来越稀缺……少数主动培养这种能力并将其作为工作、生活核心的人将前途无量。

——摘自卡尔·纽波特（Cal Newport）的《深度职场力》（*Deep Work*）

从理论上讲，在开会前做好准备工作相当于在会议开始前就启动了会议。但现实是，并非团队中的每个人都做准备工作。要验证这一点，你只需回想一下，你上次参加的每个人都做了充分准备的会议是什么时候？

这也许是常见的拖延症甚至懒惰惹的祸。然而，其原因更可能是，人们接受这种行为，认为它是正常现象。没有人期望——更不用说要求——真正完成这些前期工作。通常，人们认为工作应该实时完成，他们会"随大流"，每天毫无准备地进出各种会议，然后利用指定的时间来完成团队任务。

对于那些想要做出一番成就的团队来说，梦游般地参加日程表上的会议是不行的。那么，如果现代团队创造出一种异步工作文化会怎样呢？在实际过程中，不仅需要给个人指派前期工作，还要帮助人们产生一种内在的动机和紧迫感，让他们因提前完成工作而感到自豪。这样，当人们聚在一起实时工作时，就会拥有更高效的协作。

异步协作的习惯很难养成。不过，我们发现了一种有用的策略：在同步会议前的 5 到 10 分钟，让每个人都完成异步任务。例如，如果有需要看的视频，在一起通话时就给予每个人独立观看的时间；如果有需要回顾的演示文稿，在会议开始前就给予每个人回顾的时间。

慢慢地，人们就会意识到，参加实时会议需要完成异步准备工作。久而久之，他们会开始养成良好的习惯。最终，团队会下意识地觉得，他们根本不需要见面，因为异步协作就能解决他们的问题。

我们还有其他一些利用异步协作的策略，如设立无会议日和中断通信。你或许见过，一些同事为了完成深度工作，在很长一段时间内，干脆屏蔽日程表。

如果你以前没有这样做过，我们建议你盘点一下开过的会议、采用过的常规做法和互动类型，列出你们团队交流的所有方式，然后按协作模式进行分类。接下来问：什么是可以异步的同步？也许那次会议本来可以是一封电子邮件。

我们研究了一个能帮助你理清何时同步工作、何时异步工作的工具。总的来说，你可以从以下四个方面来考虑问题：

简单还是复杂：解释难度有多大？不讨论的话，你能轻松地把问题讲清楚吗？

低风险决策还是高风险决策：这些决策有多重要？他们将影响哪些人？

很少人参与还是很多人参与：谁需要参与？是跨职能的任务吗？

时间紧迫性：事情紧急吗？会不会阻碍其他任务的顺利进行？

如果你面对的是左侧的情况，就可以选择异步。如果你面对的是右侧的情况，那么同步会议可能是最佳选择。例如，工作情况汇报会和每周站会的评定等级或许能够说明，异步是最佳选择。

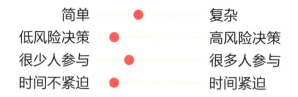

另外，季度目标规划会议的得分或许可以表明，同步会议是最佳选择。

规则是没有例外的。例如，团队建设活动一般都非常简单，不涉及重大决策，而且时间也不紧迫。但是，如果你们没有一起做，就会有点儿违背初衷。

最后，你要切记，更多的异步协作并不代表一定会减少工作量。它可以让协作发生全面的转变，让每个人都能够掌控自己的时间和时间轴，但你也要预防异步"债务"的产生。

你不妨试着为团队选择一些常见的会议类型，看看它们的效果如何。也许你会惊叹于异步协作所带来的改变。

会议的本质

在本质上，会议是一种协作和沟通的手段。同任何手段一样，它只适用于某些工作。俗话说："如果你只有一把锤子，一切看起来都像钉子。"对于很多团队来说，会议一直是一种用于各种任务的钝器。不过，我们必须小心，不要用一把锤子代替另一把锤子。要超越混合协作，你就要明白，异步只是工具箱中的一种工具而已。

销售咨询公司（Distribute Consulting）的创始人劳瑞尔·法雷尔（Laurel Farrer）精辟地总结了我们的方法：

> 当你超越传统思维模式，思考如何以异步通信取代同步通信时，当你开始探索在战略上将各种模式结合起来以优化参与度和动力时，使用不同协作模式的真正威力就会显现出来。

但你要知道，谁也说不准未来几年协作模式将如何发展。现在，异步可能是你们公司最常用的手段，但未来需要采用哪些协作模式，谁会知道呢？

你们公司今天所需的协作风格，明天可能就不需要了。这就是今天我们必须培训并教会团队在动态工作环境中所需生存技能的原因。正如我们所看到的，协作设计师必须了解工作在空间、地点和时间上的各种可能性，同时还要了解目前团队的协作现状。协作评估可以帮助你分析团队如何在公司里协作，并将所学知识付诸实践。

推荐阅读

贾森·弗里德（Jason Fried）、戴维·海涅迈尔·汉森（David Heinemeier Hansson），《跳出疯狂的忙碌》（*It Doesn't Have to Be Crazy at Work*，2018）

本书的两位作者既是大本营（Basecamp）的创始人，同时也是《重来》（*Rework*）（2010）的作者。他们一直在观察好的工作方式，认为生产力的提升不是因为投入了更多时间，而是因为减少了浪费和干扰。他们提倡领导者塑造"冷静"的而不是"疯狂"的公司，并在本书中展示了实现这一目标的做法。

卡尔·纽波特（Cal Newport），《深度职场力》（*Deep Work*，2016）、《没有电子邮件的世界》（*A World Without Email*，2021）

纽波特的这两本书广受好评，关注了新的协作工具和工作方式，阐述了在工作中达到平衡和专注的方法。

多伊斯特（Doist），《异步艺术》（*The Art of Async*，2020）

这个关于异步的简短指南是一个很好的在线资源。多伊斯特是一家提倡异步优先的重要公司，一直践行它所宣扬的理念。这部作品以第一手的经验为基础，包含了大量的实用技巧和建议。

马克·蒂平（Mark Tippin）、吉姆·卡尔巴赫（Jim Kalbach），《远程引导工作坊》（*Facilitating Remote Workshops*，2018）

在多年来与数十个远程团队合作的基础上，本书总结了促进远程对话的最佳做法和建议。

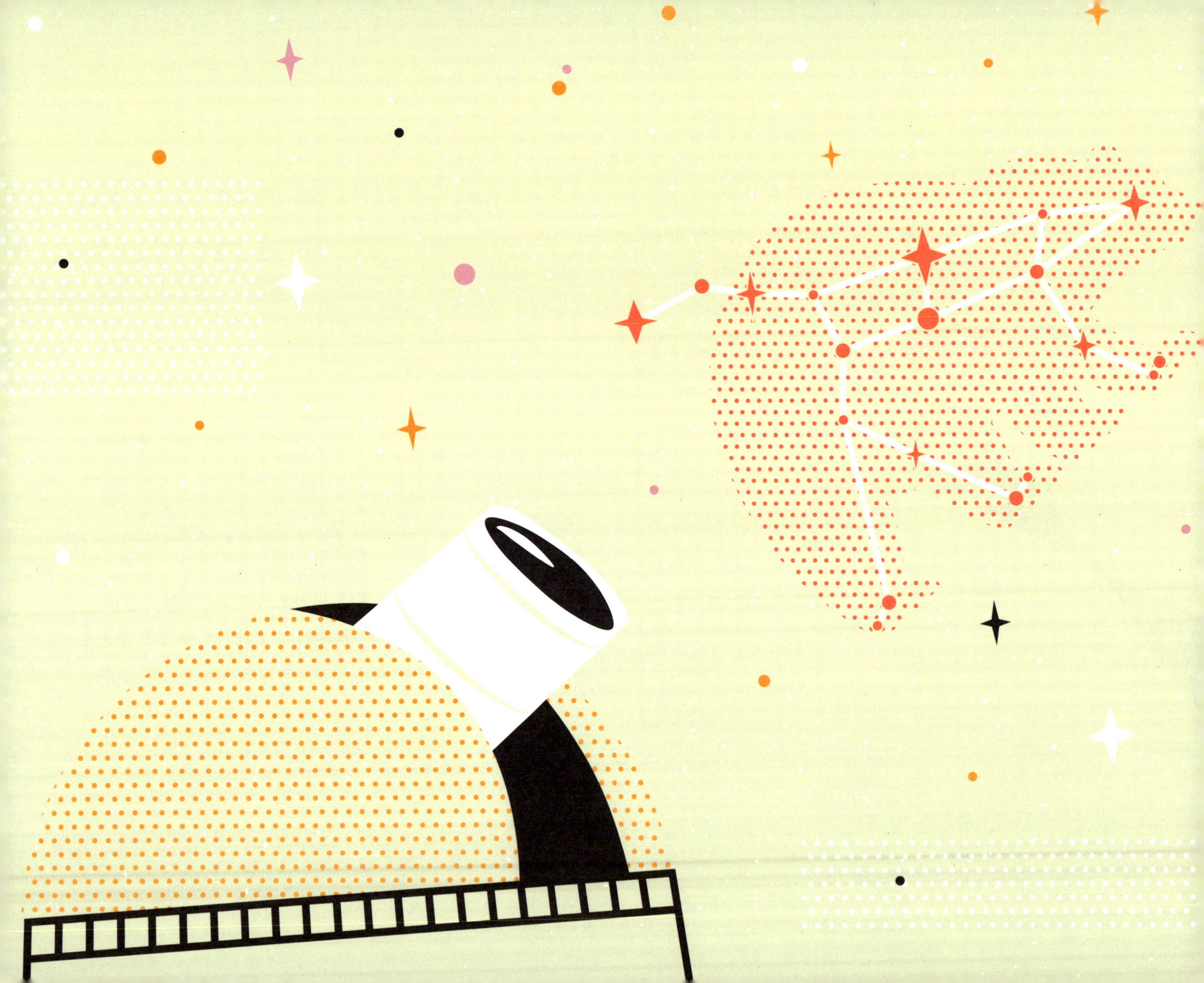

7

第七章 协作洞察

协作能力分析

协作智慧始于有意识地了解团队合作的方式。协作设计是一种新的学科，它以一种每个人都可以理解的方式来优化实践。你不必成为一名专业的引导师或管理者，也可以有所作为；改变从小事做起，可以是一种做法变成另一种做法，一个习惯变成另一个习惯。

结构化方法大大加快了团队改进协作的速度，是团队转变的关键因素。使用这一方法，你不仅可以解决问题，还可以在团队成员之间形成持久的关系链。

团队需要一个共享空间来进行协作。现在，虽然共享物理空间依然重要，但是现场协作已不再是默认的工作方式。逐渐地，适应不同环境的工作能力变得越来越重要。现代员工需要自由地穿梭于现场协作与远程协作、同步工作模式与异步工作模式之间。

每一个因素——精心的设计、结构化的方法、共享的空间以及灵活工作的模式——都有其独特的重要性，但我们必须以整体的协作方法将它们结合在一起。

将这些关键元素结合在一起，正是财捷集团"愉悦设计"（D4D）项目的做法。D4D 是 2008 年财捷集团的首席执行官布拉德·史密斯（Brad Smith）带头设计的一套协作技术，目的是提升整个公司的客户体验。

该项目还创建了一支由获得证书的从业人员组成的专业团队。这群被称作"创新催化剂"的协作设计师帮助公司的所有团队应用 D4D 方法提升合作水平。为实现变革，他们将正确的方法引入公司的各个协作空间。

如今，D4D 已成为财捷集团工作文化不可或缺的一部分，这也让财捷集团成为一个世界公认的以设计为核心的公司。

然而，假如你准备好了一切——协作设计实践、一套达成共识的方法、改变的意愿——你该如何了解，你们是否取得进展？你该如何知道，团队协作是否有了真正的起色？你怎样才能断定整个公司是否正在进行合作？

你可以使用协作评估——用于评估协作有效性的方法。评估协作是整个协作周期的终点，能让你的直觉变为清楚的认知。团队首先尝试一种新体验，然后慢慢适应，最后评估进展情况并进行调整。

这个周期需要一定的时间。财捷集团就是个例子，它踏上这个旅程的时间至少有十年了，而且仍在继续前行。另外，这个周期还需要耐心。如果你不能评估协作，就无法得知何时实现了目标。

360 度审视协作

有了对协作的洞察，就有可能探索更全面的解决方法，从而提升团队合作。有几个方面，你需要掌握。

一方面，你既可以使用定性评估方法，也可以使用定量评估方法。

定性测量。这些评估包括为了解个人、团队及公司特点而进行的各种评估。定性评估通常以调查的形式进行，但也可以使用其他研究工具和手段，如访谈和观察。

定量测量。如今，许多工作场所的协作都是数字化的，有关协作有效性的量化数据已经成为团队互动的副产品。公司网络分析是提供有关协作的定量见解的重要手段。

另一方面，我们可以从以下两个主要层面进行协作评估。

团队层面。对于 10 人或 10 人以上的团队，我们可以给他们提供匿名化或综合的协作评估。这样团队可以更好地评估协作的优点和缺点，并利用所学知识不断改进协作。其本质就是观察个人的总体表现和行为，所以团队评估通常也包括对个人协作的审视。个人也可以更好地了解自己的协作模式，确定自己可以采取的具体改进措施。

组织层面。匿名化或综合的协作评估有助于领导者理解和改进组织的内部协作。这些评估方法有助于弄清协作存在的问题以及解决这些问题的方法，有助于找到适合某项工作的团队，有助于改善员工的整体体验等。但是，我们也可以跨越组织层面，审视生态的评估方法。

评估必须是私人的和积极的

在我们开始之前，需要强调一下隐私的重要性。团队成员不应该觉得自己受到了监控或不公正的审查。协作评估只是为了使团队改进合作方式、创造有趣且安全的空间。值得一提的是，进行个人层面的协作评估一定要注意，不要向本人以外的人泄露信息。

更重要的是，协作评估需要有制度的保障，避免人们不恰当地使用，同时还要避免制定任何简化的指标，对协作的复杂性和细微差别进行简单的"好""坏"区分。

评估团队协作

团队是协作智慧的主体，为团队的评估提供了一个持续、稳定的变量。我们发现通过向其他人展示一个团队的成功来激励和鼓舞他人是有效的。你可以改进一个团队的协作实践，评估它的变化，然后向其他团队展示它的成果。

评估和改进团队协作的方法有三种：定性团队评估、定量网络分析和实时反馈。

测量个人心理状况的工具非常多，如迈尔斯 - 布里格斯人格类型测验（Myers Briggs）、克利夫顿优势识别器（Clifton StrengthsFinder）、DISC 个性测验、Big 5 理论以及其他类似的量表。通过评估，你可以了解群体中每个人的性格特征。这些性格特征综合起来就形成了团队的"个性"，决定了团队的特征。

了解了这一点，团队不但可以决定平衡团队优势和劣势的方法，而且可以确定相互交流、共同解决问题的最佳方式。

有的团队成员各执己见，认为辩论是解决问题的最佳方式。这样的特殊团队也有性格的平衡点——喜欢团队合作，需要有团队归属感。协作设计师应该为其设计等量的同步和异步互动，从而最大限度地挖掘团队的潜能。

九型人格（enneagram）是一种流行的人类心理结构模型，表现为相互关联的性格类型。这种人格模型可以追溯到 4 世纪，但人们通常将其归功于玻利维亚哲学家奥斯卡·伊查索（Oscar Ichazo）。伊查索发现，一个人的自我在心理上有九种固定的类型，表现为以下九种原型：

1. **完美型**。这种类型的人一般是理想主义者、做事有原则、目的性强、自控力强，是天生的完美主义者。

2. **助人型**。这类人关心他人，慷慨大方。他们往往也喜欢讨好别人。

3. **成就型**。顾名思义，这种类型的人一般以成功为导向，比较务实。他们一般具有很强的适应能力，特别注重自己的外表，甚至有时会非常虚荣。

4. **自我型**。敏感和内向是这类人的特征。个人主义者喜欢吸引他人关注，经常喜怒无常、自我陶醉。

5. **理智型**。这种性格类型的人严肃、洞察力强、敢于创新，但他们往往会孤僻、怪异。

6. **疑惑型**。这种类型的人很有魅力，他们通常做事尽心尽力、喜欢安于现状、容易焦虑、生性多疑。

7. **活跃型**。这种类型的人喜欢娱乐，追求新鲜感。他们多才多艺，喜欢热闹，但也容易分心、丢三落四。

8. **领导型**。这种类型的人强势、专横、自信，同时也果断、任性，有时对他人会有攻击性。

9. **和平型**。这种性格类型的人大多随和、任劳任怨、讨人喜欢，但会自满。

这些性格类型不会相互排斥。任何一个人都有一个占主导地位的人格原型，但在不同的场合可能会表现出不同的人格特征。

目前，还有一个可借鉴的参照准则：道娜·马尔科娃 (Dawna Markova) 和安吉·麦克阿瑟 (Angie McArthur) 在其合著《协同的力量》(Collaborative Intelligence, 2015) 中提出的概念——思考才能，一种个人擅长并乐于应用于解决问题的特殊才能。我们每个人都有一定的思考才能。

经过广泛调查，马尔科娃和麦克阿瑟确定了 35 种才能，并将其分为 4 个不同的类型：分析型、创新型、程序型和关联型。你可以将整个团队占主导地位的才能整合在一起，以便了解团队的核心优势和劣势。

了解团队成员的个人特征很重要，但我们也可以将一个团队的行为特征视作一个单位。通过辨别不同团队的不同风格，协作设计师可以更好地引导团队进行对话。

例如，如果团队的总体特征表明，一个团队比另一个团队更注重过程或更善于分析，那么在创新的初期让该团队来领导其他团队可能会大有裨益。那些在计划和执行力方面更强的团队可能更适合在后期发挥领导作用。

我们发现，帕特里克·兰西奥尼的著作对评估团队协作和改善团队协作特别有帮助。在 2005 年出版的《克服团队协作的五种障碍》(Overcoming the Five Dysfunctions of a Team) 一书中，兰西奥尼用几个步骤绘制出了评估和改变规划的完整流程。

兰西奥尼首先对反映五大障碍（缺乏信任、惧怕冲突、欠缺投入、逃避问责和忽视结果）的一系列问题进行了初步调查，然后根据调查结果对这五个方面进行评分。这些评分结果可以帮助团队确定自己应该关注什么。在团队研讨会中共享这些评分结果，可以帮助团队达成共识。

接着，兰西奥尼提出了一系列强化弱项的目标活动。例如，如果信任是团队的弱项，那么团队成员可以通过分享个人经历来建立更深层次的关系链。每个人都详细介绍自己的背景（在哪里长大，有多少兄弟姐妹，面临过什么挑战等），然后其他人说出他们对团队其他成员产生的新认识。

研讨会结束时，与会者要承诺改变协作的某个方面。每个团队成员都要声明，他们将要做哪些工作，以及他们打算怎样解决已确定的功能障碍。最重要的是，要让所有人意识到，每个人都应该对整个训练过程负责。

团队的网络分析

了解现有的协作模式可以揭示最佳的评估方法。通过启动协作评估,如九型人格测试,你可以了解每个团队成员的优势,然后组建可以获胜的团队。不过,有些工具的作用不仅仅局限于为团队的组建寻找最佳人选。

罗布·克罗斯(Rob Cross)是网络分析领域的一个领军人物。通过翻阅匿名的个人信息,他发现了导致团队出现六大功能障碍的对应原因。

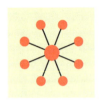

轮辐式决策。决策集中,领导者成为协作的瓶颈,导致创造力降低、创新减缓。

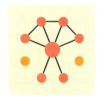

团队成员被剥夺权利。一些团队成员被边缘化,结果减少了观点的多样性和产出,可能会造成整个团队参与度和持久度的下降。

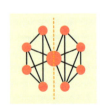

团队成员不一心。团队内部形成派系,导致团队在解决问题和决策时出现不同的"阵营"或方法,产生了令人不愉快的环境,降低了整个团队的成功率。

团队成员不堪重负。团队成员无法满足团队的协作需求,导致团队倦怠、妥协、效率下降。

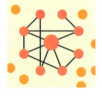

团队成员被孤立。团队里的小帮派不相往来,阻碍了彼此间的信息交流,导致团队成员不了解决策,达不成共识。

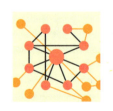

优先事项太多。外部需求导致团队成员难以集中精力做好本职工作。这些团队工作以外的事情,往往会导致团队成员的工作负担过重,影响他们的工作质量和交

团队的协作反馈

付时间。这个问题最终会导致人们倦怠。

一旦找出问题所在，你就可以确定具体的解决方案了。要解决轮辐式决策功能障碍问题，领导者可以将更多的工作和决策委托给他人，同时增加对员工的指导。对于团队成员被剥夺权利或被孤立的功能障碍，我们要提高团队工作的透明度。另外，精心在团队成员之间以及小组之间建立关系链，也是一个富有成效的提升路径。

你能想象到下面的情景吗？你在演奏一件乐器，可是你不能立即听到你弹奏的曲子。你抱着一把吉他，然后坐下来拨动一根弦，但吉他延迟了几秒钟才发出声。而且，有些音符根本听不到。这就是我们团队协作的现状。我们一起合作时，根本感觉不到事情的进展。

在团队协作时给团队成员提供反馈信息，几乎可以让他们立即提升自己的行为。这种协作评估不仅可以在宏观层面上提升跨部门协作的效果，还可以在团队层面上为团队提供即时的帮助。

假设你正在开会，这时你注意到，有个人说话似乎比其他人少。我们都有过类似的经历：几个大的声音支配着对话，淹没了其他人的声音。

现在，你再想象一下下面的情景：没了上面提到的主观体验，你现在可以清楚地看到每个人实际使用麦克风通话的时长——Zoom 的插件就可以帮你做到这一点。根据参加会议的情况，该应用程序可以计算并报告每个人的说话时长。当然，在某些情况下（例如，有人在做报告）也会出现难以避免的不平衡现象。像其他评估方法一样，对这种结果也需要做出解释。

最起码，我们可以从协作反馈中看出团队协作的整体状况。首先，我们可以看出团体之间如何互动、如何交往？有多少人参与其中？是同步协作、异步协作，还是混合式协作？使用了哪些工具、文献和设计？

我们还可以查看团队共同创建的材料。谁添加了什么内容，添加了多少内容？这个群体共产生了多少想法？通过基本的计算，你可以对数据进行实时整合。例如，在群体训练的过程中，团队可以随时看到被添加到群体中的项目数量。

基于内容的复杂反馈也有用处。例如，情绪分析——通过计算，检测文本段落中的语气——生成的内容可以显示员工的情绪是积极的还是消极的。

与内容的可视化相结合，协作评估就可以立刻产生强大的效果。例如，标记内容的分组可以帮助团队发现在其他形式和格式里看不到的新模式。

最后还有一种渐进式的协作评估。例如，在研讨会之后，团队可以提供关于方法使用情况的反馈。这样协作设计师就会获得关于整个会议期间生成的内容数量或整个团队的参与情况

的基本匿名综合分析。随着协作设计师不断努力改进团队协作，这将直接影响后续会议的设计。

这种渐进式的团队合作有利于团队与他人分享协作成果。大多数情况下，如果团队达成共识的决策和结论减少，这种情况就会直接反馈到整合的材料中，或分享给其他利益相关者。对团队合作进行事后总结和内容回顾，有助于保持团队前进的势头、建立团队间的关系链。人们可以看到他们与谁的合作更加密切，他们一起做了哪种类型的工作，还有哪些人参与其中。

最终，人们的行为逐渐发生了改变。像乐活公司（Fitbit）一样利用这些协作评估，团队可以看到他们目前的合作情况，而协作设计师也可以看到团队的参与情况和反应，从而设计更好的协作体验。这样，团队便可以对协作做出反应并改进。

留出时间反思

了解团队的运作情况的目的是反思和改进，通常由群体来完成更好。虽然协作设计师可以利用评估方法为既定的项目组建一个团队，但只有当群体一起讨论产出成果时，才能建立关系链。

我们建议分享团队的评估结果，并安排会议供团队进行反思。这是组建团队的关键，也是工作结束后的学习总结方式。

了解团队的运作不是团队的心理治疗，我们发现，最大的收获往往来自常规的、持续的签到和接触，因为大家可以公开讨论事情的进展。

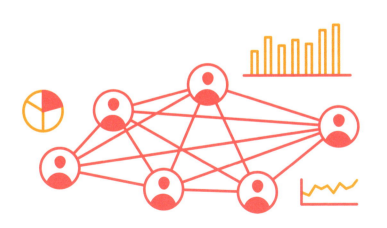

例如，鹿特丹眼科医院 (Rotterdam Eye Hospital) 的员工通过"交通信号灯"训练（每天只需训练 10 分钟的小技巧），提升了护理水平，提高了员工的士气。这些员工每天聚到一起，讨论以下两个问题：

- 你今天的心情如何？团队成员将自己的情绪分为绿色（我很好）、橙色（我还好，有些小担忧）或红色（我有压力）。
- 为了更好地进行合作，团队还需了解什么？例如，去了解公共交通延误或设施出现故障等情况。

这些短时的反思直接提升了患者的安全评分，将护理人员的工作满意度从 8.0 分提高到 9.2 分（满分 10 分）。

将这样的时间设计到日常互动中，对提高团队的人际智能大有帮助，因为随着时间的推移，很容易培养出持久且有意义的关系链。有证据表明，定期反思是构建团队关系链、提高团队业绩的最佳方式。

评估组织协作

戈尔公司（W. L. Gore & Associates）成立于 1958 年，总部位于特拉华州，是一家私人控股公司。2019 年，该公司分布在世界各地的员工超过了 10 000 人。

现在，即使你没听说过这家公司，也一定会知道它最受欢迎的产品：GORE-TEX® 面料。这种面料被用于各种防风、防水户外装备和运动服。该公司还生产一系列其他产品，如电缆绝缘材料、心脏手术材料等。

戈尔经常入选《财富》杂志的"最佳雇主 100 强"榜单，被认为是一家当今世界上最具创新力的公司。

戈尔拥有持续创新力，其中一个重要原因是它拥有独特的协作文化。1976 年，比尔·戈尔（Bill Gore）在《网格组织 —— 一种企业哲学》（The Lattice Organization - A Philosophy of Enterprise）文件中详细阐述了他提出的"网格"组织的概念。这一哲学的核心是跨学科团队成员的小型网络。值得一提的是，对于"如何组织"，戈尔创建了一条经验法则。如果一个办公室的员工超过 150 人，公司就会在其他地方开设另一个办公室。当这个新办公室的人员达到 150 名时，公司就会再开设一个办公室。每家工厂都有自己的办公楼，用来安置所有与特定产品相关的员工——从研发人员到销售人员。

无须指挥链或预先确定的沟通渠道，戈尔的小规模团队就能以多学科的方法工作。戈尔公司的大多数员工还有一个相同的头衔——同事。同事们选择追随"领导"而不是"老板"，来完成分配的任务。这样的组织很扁平，却充满了创新力。

戈尔创新的秘方是协作文化。值得一提的是，正是戈尔公司特殊的关系链，以及建立这些关系链的详细方法推动了创新。

这一切都说明，组织中的人在与组织结构图不匹配的网络中协作。理解这些自然和有机的模式可以极大地指导并改善协作。

将原始数据转化为更高形式的可操作方法，有助于发展更健康的协作文化，帮助团队和协作设计师通过以下方式监测和改进工作方式：

- 为领导者和引导师提供成长的道路。
- 监测和改进团队的工作节奏和方式。
- 跟踪协作的相关指标，如参与度和关系的建立。
- 指导和评估公司发展，赶超行业领袖。

识别组织的协作难题

作为一个研究领域，协作是复杂的、多方面的，没有一个概念能给它一个完整的界定。首先，你可以从第一章概述的原则开始，通过思考每一个原则，了解公司对协作的看法。

接下来，盘点你们目前在协作方面的投入和团队拥有的资源：

- 你们是否积极培养协作技能？
- 你们是否准备好了所有的协作模式（现场、远程、混合、异步等）？
- 你们是否有一套指导协作的通用方法和工作流程？
- 实践群体是否公开讨论并提升了协作？
- 你们是否能够评估跨团队协作的效率？
- 你们是否拥有支持内部和外部协作的广泛系统和平台？

最后，一般来说，你想弄明白公司的实际协作行为和能力。我们发现，跨主题和议题类别审视协作，对获得协作的全貌大有帮助。另外，我们可以从以下两个方面评估协作的能力：

关系能力。 团队之间是否相互信任和尊重？人们是否有足够的心理安全感去畅所欲言、做出贡献？团队是否努力接纳不同的观点？人们是否能相互倾听、产生共鸣？团队进行的是否为高情商互动？

战略能力。 你们公司的团队是否了解团队的共同目标？团队成员是否能够就一个明确的目标达成共识？是否阐明了团队成员的角色和职责，并理解了团队成员的依赖关系？团队能否在不同的协作模式下有效运作？决策和行动是否一致？团队之间的互动是否具有动力和连续性？是否有强大的协作领导力和追随力？

要形成公司的协作战略观，你首先要收集关于人们如何协作的见解。反馈来源要尽量多样化。要开启团队协作有效性的评估，你可以考虑以下几种收集方式：

观察。著名棒球运动员尤吉·贝拉（Yogi Berra）曾说："通过观察，你可以看到很多。"可是，你还记得上次在公司观察团队协作是什么时候吗？进行"纪实观察"可以详细地掌握团队的协作现状，因此你应该把这种不会引人注意的实地调查当作你评估协作的常规方法。做法其实很简单：先假设自己是一个客观的旁观者，然后观察团队如何进行实时与异步协作。接下来的一段时间，你需要做的就是旁听会议、监控沟通渠道、边看边做笔记。

聆听会议。你们需要就协作问题进行小组讨论，可以逐个团队进行讨论，也可以跨团队组建一个专题小组进行讨论；针对协作体验开展一次讨论；让参与者提供协作体验的具体细节；问一些开放性问题，如"还记得最近一次团队合作出现的问题吗？发生了什么事情呢？问题到底出在哪里？本应该达到什么效果呢？"在一个小时的会议里，你就可能发现一些问题，而这些问题在只有少数人参加的会议中是不会出现的。

调查。首先思考更多有关团队和团队协作的直接问题，然后想办法将这些问题放到员工敬业度调查中。此外，对协作现状进行单独调查，有助于准确识别协作中需要解决的深层问题。除非你的计划包含全面协作审核，否则只需几个关键问题就可以获得大量相关信息。这里，我们发现获得反馈的最佳方法是量表，而不是开放性的问题或是 / 否问题。

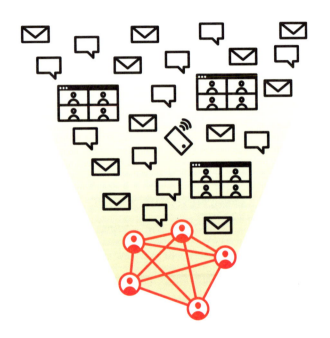

组织的网络分析

通过网络分析，我们能够获得跨部门和跨组织协作的相关信息。这种网络分析包括人们为了更深入地关注团队合作而使用的活动类型和方法。网络分析图能显示整个公司的整体模式。

现在大量的团队合作都在使用数字工具，因此我们能够通过记录和分析数据，找到提升团队间协作的模式。这些互动模式可以帮助我们识别协作活动中的"热点"和异常值。

例如，网络分析可以识别协作筒仓，并设法在公司层面解决它们。了解哪些团队协作最多及都是与哪些团队进行的协作，协作设计师就可以精心设计一系列方法来缩小差距。再例如，如果网络分析发现销售团队没有与产品协作，我们就可以利用团队建设方法来创建关系链，然后举办客户之旅绘制研讨会，研究每个团队可以采取的具体行动，以提供更好的客户体验。

在《哈佛商业评论》的一篇文章中，研究员保罗·莱昂纳迪（Paul Leonardi）和诺希尔·康特拉克特（Noshir Contractor）详细介绍了"筒仓标识"——他们用来表示一个群体与其他群体脱节的术语。同时，他们还展示了可以从协作数据中得出的其他见解，例如，说明哪些团队最有可能按时完成项目的"效率标识"。拥有效率标识的团队不但团队的内部关系紧密，而且和整个公司的其他团队也保持着良好的关系。

最复杂的是"创新标识"，它可以预测哪些团队将进行有效的创新。这种标识能够说明哪些团队拥有广泛且不重叠的社交网络。这种团队的特征是，能够提供各种不同的建议和想法、关系紧密又不会太过亲密，因为团队内部互动过多会导致人们的思维相似、减少很多激发创意所需的不同观点。

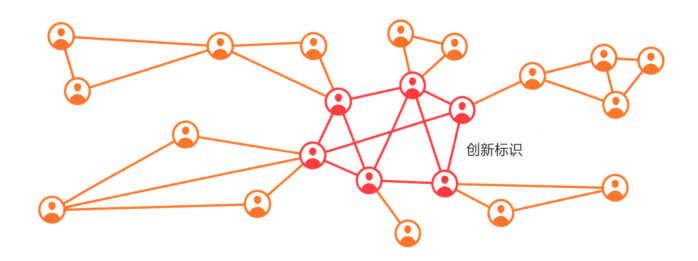

创新标识

超越组织

想要成功就要超越组织，与组织外的人协作变得越来越重要。

生态系统层面的协作评估可以帮助领导者发现协作的宏观趋势和新方法，也可以帮助我们深入了解如何更好地进行外部协作，未来的工作将如何影响协作。

但对于这种变革管理，一次性的培训课程甚至精心设计的课程是远远不够的。

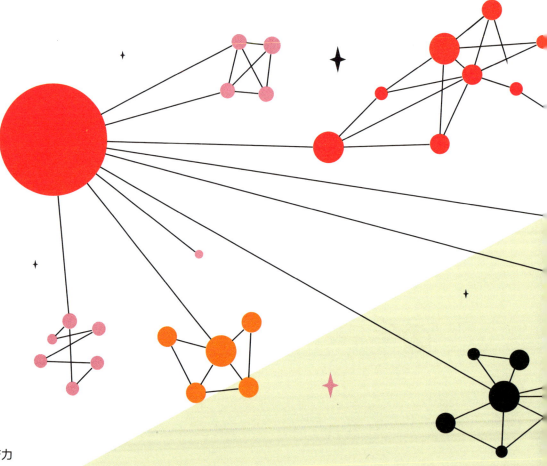

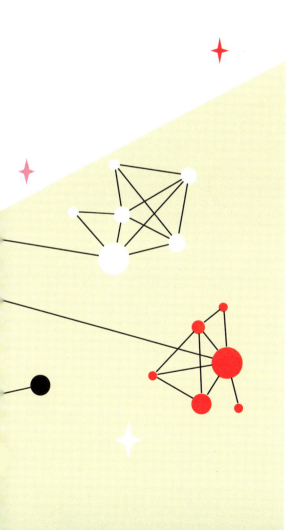

推荐阅读

罗布·克罗斯 (Rob Cross)，《超越协作过载》(*Beyond Collaboration Overload*，2021)

　　基于十多年的第一手研究，克罗斯撰写了一份简洁、清晰的指南，以应对当今工作环境中常见的过度协作现象。本书指出，成功的团队需要避开那些有损工作的误区，需要高效地利用时间。同时，它还指出，对人际关系及团队关系链的投入不仅是好的协作的重要指标，也是在生活中成长和变通的重要指标，这也是本书的亮点。

道娜·马尔科娃 (Dawna Markova)、安吉·麦克阿瑟 (Angie McArthur)，《协同的力量》(*Collaborative Intelligence*，2015)．

　　这本书详细地阐述了协作的风格，是一本了解团队组成的实用指南。基于原始研究以及该领域的丰富文献，作者提出了一种令人信服的方法，用于评定团队在一起思考的方式。说到底，该书阐述的是，为实现真正有效的协作，团队成员应如何更好地保持目标一致。

帕特里克·兰西奥尼 (Patrick Lencioni)，《克服团队协作的五种障碍：实践手册》(*Overcoming the Five Dysfunctions of a Team: A Field Guide*，2005)

　　为了续写畅销书《团队协作的五大障碍》，兰西奥尼编写了这本实用操作指南，其内容包括一系列探究团队凝聚力和工作表现的方法、训练方案和评估方法。兰西奥尼甚至详细指导了举办团队异地研讨会的方法，绘制了逐周改变的路线图。

8

第八章

协作策略

大规模变革团队合作

欧特克（Autodesk）为建筑师和工程师提供软件，是全球领先的软件供应商。十多年前，该公司开始向基于云的软件即服务（software-as-a-service，SaaS）模式转型。这一巨大转变对公司上下产生了深远的影响，更重要的是，它要求团队以新的方式合作。

欧特克的用户研究团队对客户需求有着深刻的理解。团队曾整合调查结果，然后将调查结果提供给公司里的其他部门，可是因为没有与软件架构师建立关系链，结果这项工作功亏一篑。

后来，软件架构师使用了 LUMA 的方法解决了他们的难题，帮助团队迎来了新的转折点。随后，欧特克的领导者以 LUMA 为核心，启动了一个自上而下的变革项目。欧特克数字工程产品副总裁艾米·邦泽尔（Amy Bunszel）告诉我们："我们目标明确，下决心发起了一场运动。我们清楚，我们必须重视先锋带头作用，于是我们展示了先前的成功案例，建立了一个志愿者同盟。现在这个项目已经可以自主运行了——真的令人难以置信。"

到目前为止，欧特克使用 LUMA 的方法对 3000 多名员工进行了正式的协作设计培训，占其 12 000 名员工的 1/4 以上。欧特克不会让协作听天由命，他们的团队正在设计协作。他们懂得用何种方法处理问题，其精心设计的协作体验达到了人们的预期，一次又一次地取得了傲人的成绩。

要想公司全面转型并不容易。尽管运动通常是自下而上的，但经验告诉我们，只有自上而下的努力，人们才能接受习惯、行为和文化的改变。事实证明，在高层展示人们期望的协作行为，是加速整个公司采用新工作方式的有力办法。

欧特克的转型虽然需要公司各部门的协作，但在一定程度上也需要领导力的推动。欧特克的办公室主任罗伯·迪金斯（Rob Dickins）曾对行政团队之间的互动方式进行过变革。他说，这个层面不仅需要速度和效率，还需要找到"尽可能帮助领导团队做出高质量决策"的方法。

现在，将协作视为组织的首要战略已势在必行。你需要问：谁负责协作？谁能推动变革？整个组织在协作方面面临的最大挑战究竟是什么？如何激励人们进行好的协作并逐渐扩大协作的规模？

协作的投资回报率

如果说协作是一种竞争优势，那么我们就应该以战略的方式看待它、对待它，最重要的是，还要计算它的价值。幸运的是，只要你能测量协作，就能估算投资于协作的回报。我们曾与IBM合作，帮助该公司估算企业设计思维（EDT）项目，而我们在这期间的发现就是很好的证明。根据福雷斯特（Forrester）的报告，协作的影响是可以估算的：

- 团队缩短了工作各阶段的时间，一致性提高了75%。
- 跨职能协作简化了流程，节省了920万美元。
- IBM的设计思维实践帮助团队修补漏洞，将问题减半。
- 敏捷开发团队提高的效率的总价值达380万美元。

当然，每个组织都各不相同，一家公司的投资回报率计算结果可能会与另一家公司不同，关键是找到对其进行估算的重要指标。估算协作投资回报率这一行为本身会引起人们对估算过程的关注。随着时间的推移，投资回报率的估算将随协作评估的提升而提升。关键是，我们要尽快着手去做。

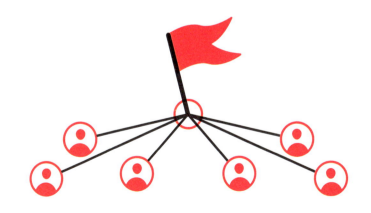

你可以查看不同级别的协作投资回报率。首先，必须了解哪些业务成果会受到协作的影响。受影响最大的顶级成果共有四类，每一类都有可通过具体指标和数据来估算的业务影响，表现为：

增加收入。好的协作可以影响最重要的成果。诸如胜率的提高、客户流失的减少、工资外收入的增加以及销售总量的提升都归功于协作的提升。

提高速度。在今天快节奏的商业世界里，速度就是一切。协作的提升会影响上市时间、交易速度、快速调整的能力以及生产力和质量的提高。

降低成本。许多协作投资回报率的计算都集中在成本节约上，如减少营运费用、降低差旅成本、减少投入的时间、节省人力资源等。

改善体验。通过员工敬业度得分、新员工成本和员工保留率（员工体验），你可以看到协作的提升对员工体验的直接影响。另外，通过提高的净推荐值和满意度，你也可以看到协作的提升对客户体验的影响。

这些成效的核心是改进团队协作。我们多年来的调查显示，团队寻求提升的变量主要有以下六个：

- **参与度**：让团队成员走进协作并参与其中。
- **一致性**：团队围绕共同目标达成共识，有凝聚力。
- **透明度**：群体工作的可见度。
- **敏捷度**：灵活、敏捷，能够随变化而变化。
- **包容性**：让广大的利益相关者参与进来、容纳不同的观点和意见。
- **信任度**：人们可以畅所欲言，有安全的环境，可以无所畏惧地发挥创造力。

如果以团队为中心，那么这些理解协作投资回报率时需要考虑的因素就会形成因果关系的同心圆，其好处会向外发散。需要注意的是，虽然团队层面的改变和顶级业务成果之间存在一定程度的分离，但它们之间依然存在一定的关联。

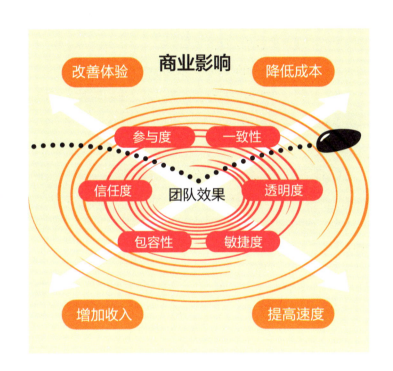

这样，在你的组织或部分组织中找到协作的投资回报率，就变成了闯过这些因素的个性化旅行——与其说是放之四海而皆准的单一等式，不如说是"自己选择的冒险"。我们建议将投资回报率的计算锁定在公司的顶级目标上。如果公司有减少碳排放的任务，那么应如何具体地通过协作的提升，帮助完成这一任务？如果企业需要提高运营效率，那又该如何通过加强团队协作来实现这一目标？

这里有一个假设性的例子，可以说明节约的成本：假设一个领导团队引进了协作的改进方法——异步行为——将他们的会议时长减少了33%，那么几个领导团队加起来就可以节约很多成本，尤其是在其工资高于平均水平的情况下。为了展示快速决策的回报率，我们可以采用下面的计算公式：

$$\left(\frac{平均会议时长}{3}\right) \times \left(\begin{array}{c}\text{\#}\\\text{每天/周/月/年的}\\\text{会议次数}\end{array}\right) \times \left(\begin{array}{c}\text{\#}\\\text{人数}\end{array}\right) \times \left(\begin{array}{c}\text{\$}\\\text{平均每小时的}\\\text{薪水}\end{array}\right) = \text{\$}$$

要推算协作对收入增长的投资回报率，需要考虑的关键变量包括平均客户交易规模、年交易量、转化率及客户总量。

能增加多少收入呢？举例说，如果预售团队使用指导方法和共享空间来指导自己拓展新客户的谈话，他们就可以减少返工。如果50个预售团队能够缩短拓展准客户的环节，哪怕只是一小时，那么一年就能省下数千小时并节省大量资金。

这正是我们在思爱普公司所看到的真实情况。思爱普在共享空间里使用指导方法给准客户打电话，结果不仅提高了信息质量，以新的方式吸纳了客户，还提高了工作效率。福雷斯特对思爱普与准客户的通话质量进行了研究，结果显示通话效率提高了9.6%。这样算下来，三年多的混合式协作将为思爱普带来近780万美元的价值。除此以外，思爱普达成交易的时间缩短了，胜率也提高了。

通常，你还会发现协作给个人带来的好处，如更好、更具差异化的购买体验。正如思爱普的预售负责人安德鲁·马蒂（Andrew Marti）所说："协作能让客户参与讨论，让公司更好地吸纳客户。"

我们见过许多产品开发和设计团队，通过改进跨职能协作提高了整体速度。创建关系更紧密、更团结的团队可以减少同步会议的需求，最大限度地缩短研讨会的准备时间和会议时间，

从而提高团队的产出率。

协作减少了"返工"。最近，一位客户告诉我们，他们的产品业务团队做了停，停了做，最后迂回到原点。结果，不但团队成员情绪沮丧、士气低落，项目成本和时间线也开始膨胀和延长。团队不团结、决策效率低下、整体协作不力等因素，导致时间和资金的损失。

即使是小的改进，比如减少了总结和整合团队研讨会成果的时间，也可以提高团队的速度。例如，一个与我们合作的设计团队通过增加异步协作、优先采用数字化的工作方式，将40名设计师组成的团队研讨会的整合时间减少了75%。

更重要的是，协作还能缩短产品上市的时间，如开发软件的时间。在进行投资回报率计算时，需要考虑每年的发布次数、开发每个产品或功能花费的平均小时数，每个团队的平均小时费率，以及提升协作所节省的时间。假设，跨职能协作的提升每年为每个团队节省2000小时，每小时100美元，那么团队每年就可以节省20万美元或更多。

设计更好的协作（诸如减少决策时间）会有很多后续影响，如提升向团队提供关键信息的速度，缩短实施周期等。这些改进的影响会一直传递到下游的客户体验。另外，关注无法量化的投资回报率也很重要。

好的协作给个人带来的好处还包括对团队创新至关重要的深度信任。没有信任，参与度就会减少，人们往往不愿说出重要的想法和观察结果，结果阻碍了团队对最佳解决方案的设计。

我们甚至可以估算改进人际智能和创建团队关系链所带来的投资回报率。减少员工的流失，你可以计算减少招聘和入职培训的投资回报率，以及重新组建团队所花的时间。

组织的变革

变革管理需要领导层的持续投入，也需要开放、包容、有活力的计划。组织的变革还需要耐心——巨大的耐心。协作的大规模变革可能需要几年甚至长达十年的时间。

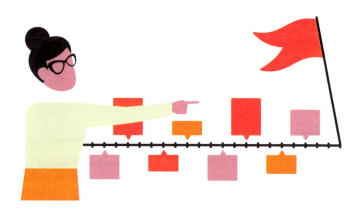

现有的变革模式可以帮助解决协作问题。例如，IBM 曾利用设计思维推动了整个公司的变革。一个团队接一个团队，一个习惯接一个习惯，他们实现了向更加以客户为中心的方法的转变。

他们利用科特（Kotter）的变革理论（一种行之有效的变革管理方法）规划了自己的路线。IBM 将该模型解析为八个步骤：

1. **营造紧迫感**。通过设立理想的目标，帮助他人看到变革的必要性。

2. **组建指导联盟**。形成一个具有共同使命的领导团队。

3. **形成战略构想和举措**。描绘一幅不同于现在的未来画面。

4. **招募志愿者群体**。实现大规模变革，需要很多人。

5. **消除障碍**。消除低效的流程和层级结构，提供跨筒仓工作所需的自由。

6. **引发短期胜利**。胜利往往会激励志愿者，必须尽早加以表扬和交流。

7. **持续加速**。在第一次成功后要加大力度，坚持不懈地进行变革。

8. **制度变迁**。阐明新的行为与公司成功之间的密切联系。

虽然实际的变革并不是以线性或可预测的方式展开的，但科特的理论为推动和跟踪整个组织的变革提供了一个总体框架。通过迭代和实验，IBM 利用经典的变革管理理论指导了公司的变革。

通过应用设计思维方法来填补这些模型中的空白，他们获得了一个以客户为中心的整体综合方法。

达顿商学院教授、组织设计领域的开拓性思想家珍妮·利特卡（Jeanne Liedtka），将设计思维在组织变革中的作用与文化联系起来。她认为："设计思维是一种影响变革的社会技术……是一种具有独特能力的整体综合方法，可以在团队内部和团队之间建立信任，使人们能够更好地一起进行对话和创新。"

利特卡指出了协作设计思维的关键阶段，以及每个阶段对社会动力的影响。她的研究涉及各个阶段：从实践设计思维（"做的"）到人们的体验，再到团队发生的转变（"成为的"）。

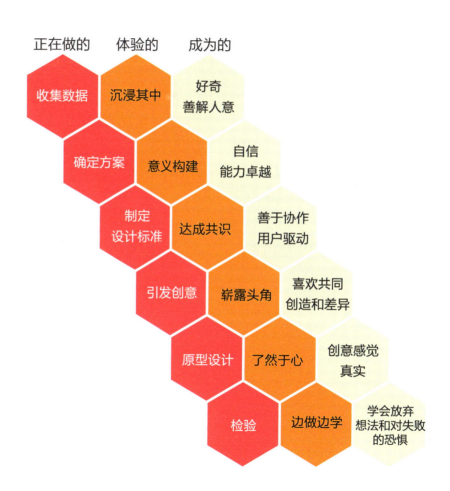

培育培训师

利用设计思维方法，LUMA 研究所影响了很多公司的大规模变革。LUMA 的方法很常见，就是在大公司里推广新的工作方式，用"培育培训师"对其进行描述最为恰当。培育培训师听起来很容易，实施起来却颇具挑战性。首先，LUMA 确定了不同的职责类型，从指导师到协作者，每种职责类型都有不同层次的专业知识。

然后，LUMA 将项目分成三个阶段在整个公司推广，其目的是培养人们解决协作问题的技能。每个阶段需要的时长因公司的规模和所做工作的性质不同而不同，有的需要几个月，有的甚至需要几年。

第一阶段，组织启动变革计划。这一阶段的重点是让关键团队掌握基本技能，充当其他团队学习的榜样。在培训初期，LUMA 还会选出有潜力的指导师。第二阶段主要进行指导师认证。这样，获得认证的人员就可以与 LUMA 专业人员共同教授这些方法和课程。

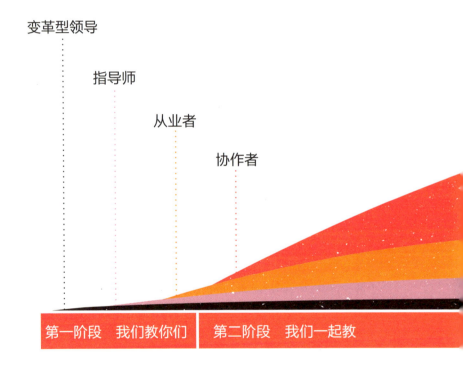

培育培训师的过程

变革型领导

指导师

从业者

协作者

第一阶段　我们教你们　第二阶段　我们一起教

不过，只有到了第三阶段，认证的指导师才能达到临界数量，系统才能实现自主运行。这时，来自内部的知识动力会继续推动变革，最终惠及组织的各个部门。

转变协作方式比组织的任何其他变革都重要。不是每个人都会立即参与进来，或以相同的速度改变。LUMA 第三阶段意味着改变文化，这就是它重要的原因。

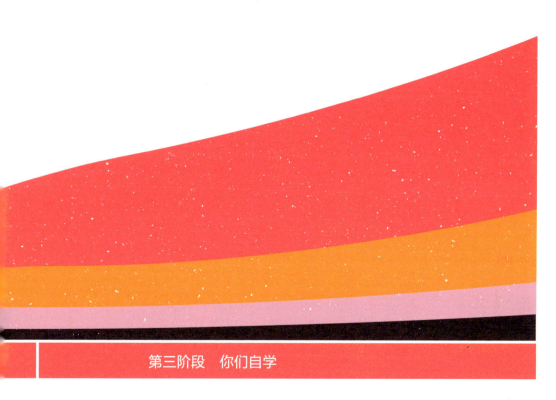

第三阶段　你们自学

协作是员工体验最重要的组成部分

员工体验（EX）是一个重要的新领域，处于人力资源、公司文化和战略的交点上。它超越了顺利的入职培训、适宜的工作环境和免费的福利，相反，它是员工对所在组织的看法、行为和感受的总和，是人们对公司文化的恪守和理解。

努力提升员工体验十分重要，其原因主要有以下几个：首先，良好的工作体验是留住人才的关键因素，因为每个人都希望把时间和精力花在健康和良好的环境中。更重要的是，人们希望与那些每天相处的人保持联系——这或许是一个公司给予员工的最大"福利"。

此外，人们还希望达到一个有成就感的目标。关注员工体验能让其感受到工作的意义，这样他们不仅更有可能留下来，而且更有可能表现得更好。

良好的工作体验还能激发创造力。一个功能失调的团队很难产生创新或高质量的成果。相反，建设性的团队环境可以推动任何个人都无法产出的业务成果。雅各布·摩根（Jacob Morgan）是员工体验方面的思想领袖和开拓者。他的研究表明，关注员工体验的组织的平均利润是不关注员工体验的组织的四倍多，平均收入是两倍多。

但也许最重要的是，员工体验直接关乎客户体验（CX）。它们之间有着怎样的联系呢？原来内部系统和环境会影响公司创建客户体验的方式。想要提升客户体验吗？那就关注员工体验吧。

因为人们在一起工作的时间很多，所以协作是创建健康的员工体验的核心。如果协作体验贴上了过于自我、政治和消极的标签，它就会对文化产生毁灭性的影响。例如，在一项研究中，

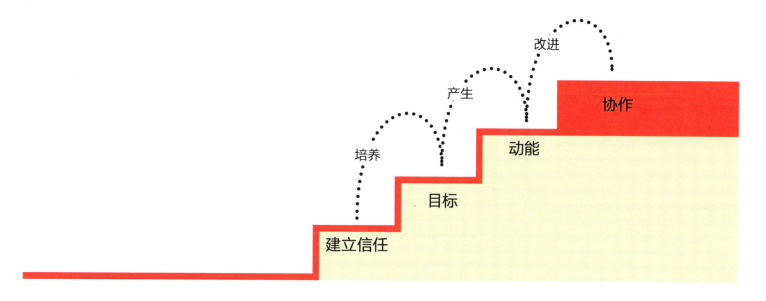

72% 的受访者表示至少参与过一次"极其可怕"的职场协作。

员工体验会对业务成果产生直接影响：运营迟缓、被打乱的时间和预算、混乱的管理以及人力资源部的员工因投诉而不堪重负。

好的协作让员工体验和客户体验都受益。

研究员罗布·克罗斯、艾米·埃德蒙森和温迪·墨菲（Wendy Murphy）发现，公司的协作类型和质量会对员工的敬业度产生很大的影响。他们的研究继续表明，创建协作文化是一个分层的过程。在向员工逐渐灌输目标感之前，首先要给予他们信任和心理安全感。然而，即使这样也远远不够，你还须创造出员工称之为能量的热情和兴奋。只有这样，你才能进入下一个阶段——一个真正的协作型公司。那关键是什么呢？如果想改进员工体验以及与之相应的客户体验，你必须注重团队的协作方式。

下面是一个被推荐的活动配方，可以帮助你设计更好的员工体验：

利用体验图绘制典型的员工生活周期。团队一起绘制一般员工的体验图，包括与员工互动过的人、地点、系统和信息。

确定问题和方法。反思员工在公司工作过程中的典型体验，弄清体验中的积极因素、消极因素以及现存的问题。

解决现存的主要问题。 使用以"我们可以怎样……?"开头的问句，根据图表中出现的模式，提出一系列重大而艰巨的问题。

在这一基础上，团队便可以一起寻找解决方案了。头脑风暴可以直接解决你们发现的问题并列出这些问题的优先顺序。

探索改善员工体验的路径

把一群人召集到一起，反思并记录当前的员工体验，重点关注哪些工作做得好、哪些工作还不太理想以及未来需要探索和改进的问题。

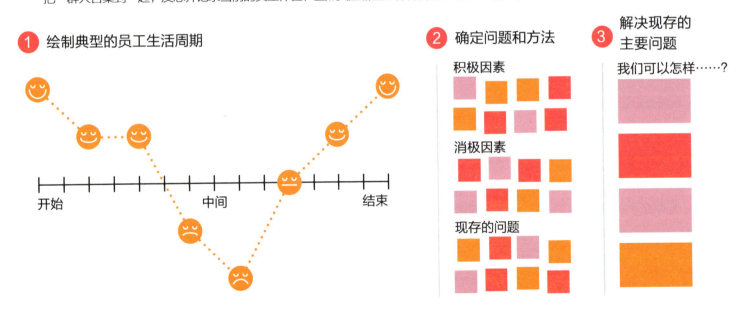

① 绘制典型的员工生活周期

开始　　　　中间　　　　结束

② 确定问题和方法

积极因素

消极因素

现存的问题

③ 解决现存的主要问题

我们可以怎样……?

协同管理

管理者所做的几乎每一件事都在直接或间接地创建并拟定团队的协作方式。雇用谁，如何管理员工的时间，如何安排会议，以及整个团队的环境等都在一定程度上取决于管理层。因此，公司协作的变革由管理者来推动是合情合理的。

协作设计是一种现代技能，任何人都可以获得这一技能以提高公司团队协作的效果和效率。协作设计还是领导力的基础。我们相信，你可以轻松掌握这些技能，因为它们并不是专属于掌握大权的管理者。

所有的管理者都需要掌握一定的技能，以便为员工创造条件、让协作蓬勃发展。首先是关系智能方面的技能，也就是接受新想法的好奇心、对团队成员的尊重以及协作的意愿。此外，管理者还需要变革的能力以及驾驭公司社会动态的能力。

这并不是要求管理者指导每一场会议、研讨会或团队会议。确切地说，他们要做的是了解团队协作的方法，以及使团队变得更好的方法。协作节奏取决于高层，异步行为也是领导者指挥的，因此让远程和混合型团队具备应有的技能和资源是管理层最该关心的问题。

用商业节奏赢回时间

建立商业节奏——更具体地说，是协作节奏——对人们的工作体验影响很大。人们想要灵活性和自主权，但他们也希望能够预测将要使用的互动方式。这样，他们才能做出相应的计划。团队内部和团队之间的触点节拍决定了协作的连贯性。建立商业节奏的目的是捕捉并传达整个公司协作的节奏和速度。

时间轴可以显示不同频率的协作触点。每年可以定期举行预算规划活动和公司静修活动；每季度可以定期更新短期目标；每个月团队可以定期举行自己的集会和规划会议；在这期间，

会议路线图

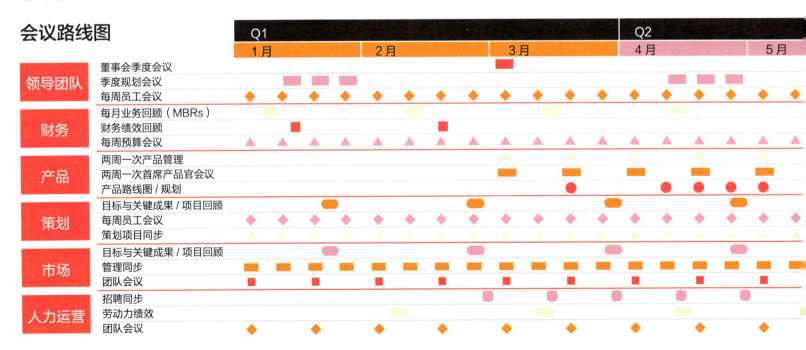

产品业务团队可以每两周进行一次冲刺，其他团队可以与经理进行每周一次的一对一会谈。

　　过多的同步协作当然也不好——人们不仅需要实时会议，还需要单独的时间异步完成工作。建立商业节奏可以帮助公司平衡并优化所需的协作数量和类型。

　　罗布·克罗斯提出了一个变革模型，该模型解决了他所说

的协作过载和其他机能障碍问题，分以下六个阶段：

1. 通过理解奋斗是自我强加的方式来挑战信念。
2. 通过坚持不懈地关注优先事项和制定互动规则来实施计划。
3. 通过使用最有效的沟通渠道和制定网络规范来改变行为。
4. 通过动员广泛的人际关系网和关键意见领袖来扩大规模。
5. 通过"拉"而不是"推"来创建协作环境。
6. 为目标和幸福，优先考虑网络更新。

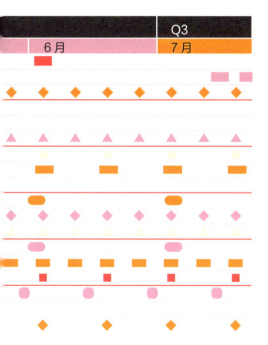

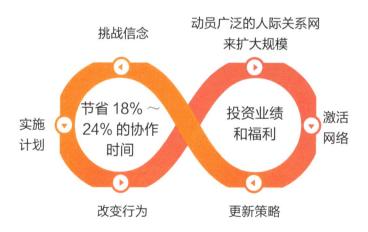

协作领导力

谁应该负责你们公司的协作？对于这个简单的问题，其答案并不一定显而易见。

早在 2010 年，《哈佛商业评论》就宣扬需要另一高管层高级主管：CCO——首席协作官。其作者莫滕·汉森（Morten T. Hansen）和斯科特·塔普（Scott Tapp）声明，首席协作官的职责是创建整个公司员工的关系链，以便提高创新绩效。虽然这个职位目前依然存在，但并没有真正被大众接受并流行起来。

事实上，我们认为，设一个专门负责协作的职位完全没必要。相反，将协作锚定在领导层这一现有职位的责任似乎更合理。我们看到，诸如指导师、信息技术专家、专业领域专家等

职位已经分布在团队之间了。

根据我们的经验，办公室主任是一个既有意义又有效的职位。不过，人力资源部以及公司的其他部门也出现了一些类似的工作职位。

将协作锚定在领导层也标志着对公司其他部门的承诺。有了自上而下的支持，在更广泛的文化层面进行的变革通常会得到加强。归根结底，领导力就是为创新创造条件，促进变革的发生。

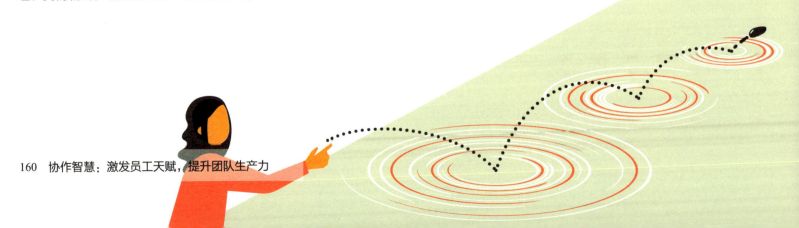

推荐阅读

莫顿·汉森（Morton Hansen），《协作》（*Collaboration*，2009）

这本书主要讲述了领导力和协同管理，提供了有关协作的重要文献。特别值得一提的是，汉森介绍了 T 型协同管理的概念（在进行跨部门协作的同时，专注自己的团队），可以促进整个公司的网络发展。本书中的实用建议是作者基于自己的深入研究提出的，包括大量的案例研究和例子。

吉布·戴尔（Gibb Dyer）、杰夫·戴尔（Jeff Dyer），《超越团队建设》（*Beyond Team Building*，2020）

基于 5Cs，戴尔介绍了一个促进团队有效协作的整体模型。所谓 5Cs 就是英语里 5 个以 C 开头的单词，即 context（背景）、composition（构成），competencies（能力），change（变革）和 collaborative leadership（协作领导力）。作者指出，管理者不仅需要关注自己团队内部的协作，还需要关注团队之间的协作，甚至需要关注与外部顾问和合作伙伴的协作。在他们看来，团队领导人亦是协作领导人，提升管理者的协作技能是提升整个公司协作文化的第一步。

丹尼丝·李·荣（Denise Lee Yon），《融合》（*Fusion*，2018）

李·荣的这本书汇集了自己数十年的品牌和文化经验，十分具有开创性。她以令人信服的方式论证了两大领域融合的合理性，阐释了将员工体验与客户体验结合起来对增加竞争优势的重要性。我们同意并认为，协作对等式的两边——健康的员工体验和良好的客户关系，都至关重要。

雅各布·摩根（Jacob Morgan），《员工体验优势》（*The Employee Experience Advantage*，2017）

这本书提供了员工体验方面的相关资源，条理清晰、浅显易懂，最重要的是，它经过了大量的验证。多年来，摩根一直在探索员工体验与真实的业务成果之间的关系，而这本书正是他对调查结果的详细阐述。

基思·法拉奇（Keith Ferrazzi）、奇恩·古哈尔（Kian Gohar）、诺埃尔·韦里奇（Noel Weyrich），《在新的工作世界中竞争》（*Competing in the New World of Work*，2022）

这本书基于协作的最新研究成果，是一本鼓舞人心的实用之作。三位作者认为，工作方式的改变是竞争优势的新来源，并给出了令人信服的理由。他们深入探讨了诸如适应性、敏捷性、弹性、目标等现代主题，提出了一个有关协作的最新观点。

亚伦·迪格南（Aaron Dignan），《勇敢的新工作》（*Brave New Work*，2019）

在阐述"未来工作"的书籍中，这本书脱颖而出，成为我们的最爱。迪格南为我们提供了一个简单但违反直觉的视角，让我们不仅可以重新构想团队的工作方式，还可以重新构想公司的运作方式。本书通过大量现实世界中的实例，将理论付诸实践，并为各大公司提供了一系列彻底改变自我的方法。

想象一切成真

想象一下，如果你有解决任何问题的技能、方法和空间。想象一下，你的团队拥有信任、信心和热情，工作起来像玩游戏的样子。想象一下，组织中的团队始终如一在做着他们一生中最好的工作。

闭上眼睛，花点时间想象一下团队的未来。

如果你还在读我们的书，你一定相信会有更好的方法。糟糕的协作只会浪费大量的宝贵时间，阻碍潜力的发挥。

我们不会让产品设计或企业策划听天由命，我们也不应该让协作听天由命。协作设计的新领域旨在为团队的蓬勃发展创造有意识的体验。另外，不仅专业的指导人员可以进行协作设计，任何人都可以。

我们希望你已经在（本书以及脑海中）探索并部署协作文化的全面转型，发现其中的乐趣。

现在是时候采取行动了！

我们分享的故事最终产生了巨大的影响——数百万美元和成千上万更快乐的人。我们的故事都有一个共同点——总是从一个人开始，一个能让团队感到安全并创造性地解决任何问题的人，一个起带头和榜样作用的人。

今天，人与人之间的疏离感是我们工作中的最大问题之一。我们相信，有一个系统的方法可以解决这个问题，它就是协作智慧。然而，我们还需要勇敢的人挺身而出，让一个又一个团队的协作变得更好。改变从你开始。

致谢

写书就是团队协作很好的例子。团队协作通常需要一群职责不同的成员组建一个团队，写书也不例外。可以说，帮助这本书问世的每一个人都在进行智慧的协作。

首先，我们要感谢 Mural 的同事，他们为我们提出了很多宝贵的建议，还帮我们一起审阅文本和图片。感谢贾斯汀·欧文斯（Justin Owings），他在很大程度上推动了这个项目的开展。从项目构思到项目完成，一路陪着我们，并提供详细的反馈意见。我们还收到来自马克·蒂平、桑尼·布朗、莱拉·冯·阿尔文斯莱本、伊米莉亚·阿斯卓姆（Emilia Åström）、克里斯·帕西奥内（Chris Pacione）、比尔·卢卡斯（Bill Lucas）、西玛·杰恩（Seema Jain）、达斯汀·斯蒂弗（Dustin Stiver）、凯蒂·布拉德（Katie Bullard）、皮特·马赫（Pete Maher）、史蒂夫·法雷尔（Steve Farrell）、埃里克·弗劳尔斯（Erik Flowers）、史蒂夫·斯科菲尔德（Steve Schofield）、保罗·汤姆林森（Paul Tomlinson）、海伦·奥多姆（Helen Odom）、雷·萨沃纳（Ray Savona）以及珍·斯坦登（Jen Standen）的各种各样的反馈意见。

道格拉斯·弗格森、劳瑞尔·法雷尔、乔·拉利以及领域内的其他专家为我们提供了可贵的外部审核。

我们要感谢 XPLANE 的优秀团队为这本书的设计提供建议，才得以创作出这本精彩的艺术作品。他们分别是南希·休厄尔（Nancy Sewell）、蒂姆·梅（Tim May）和杰弗里·弗兰肯豪泽（Jeffery Frankenhauser）。

我们还要特别感谢对本项目提供指导和支持的专家编辑，特别是萨尔·博列洛（Sal Borriello），他帮我们处理了很多相关事宜。

感谢多年来与我们就协作问题进行广泛对话的所有合作伙伴，是他们给了我们灵感与信心，让我们走向协作的智慧。首先，我们要感谢 Play Bigger 公司的阿尔·拉马丹（Al Ramadan）、杰森·威尔克姆（Jason Wellcome）、迈克·布鲁诺（Mike Bruno）和阿什利·沃凯维奇（Ashli

Walkiewicz）为我们开启这段旅程。此外，还要感谢来自Arketify的费德·纳翁（Fede Nahon）、来自游戏风暴的戴夫·格雷和桑尼·布朗，以及来自我们Playmaker社团的每一个人。

最后，我们要感谢我们的客户。没有他们，就没有这本书。我们从客户那里学到了很多！感谢欧特克的罗伯·迪金斯（Rob Dickins）、艾米·邦泽尔（Amy Bunszel）、梅丽莎·施密特（Melissa Schmidt）、埃里克·费恩（Eric Fain）等人；IBM的道格·鲍威尔（Doug Powell）、亚当·卡特勒（Adam Cutler）、迈克尔·阿克鲍尔（Michael Ackerbauer）、卡特里娜·奥尔康（Katrina Alcorn）、李·邓肯（Lee Duncan）、萨拉·纳尔逊（Sarah B.Nelson）等人；财捷集团的埃里克·弗劳尔斯（Erik Flowers）、莱斯利·威特（Leslie Witt）、卡瓦略（Carvalho）、杰拉德（Gerald）以及阿里尔·阿尔瓦雷斯（Ariel Alvarez）；世楷的罗伯·波尔（Rob Poel）和尤塞姆·沈（Usam Shen）；思爱普的托马斯·韦斯（Thomas Weis）、法比安·莱茨（Fabian Leitz）和英戈·威德曼（Ingo Widmann）；硅谷设计学院的莱蒂西娅·布里托斯（Leticia Britos）、卡瓦尼亚罗（Cavagnaro）、佳纳克伊·库玛（Janaki Kumar）以及山姆·延（Sam Yen）；安永会计师事务所（EY）的皮特·贝拉米（Pete Bellamy）、凯利·库珀（Kelly Cooper）、阿什利·贝克尔（Ashley Becker）等人；艾迪欧（IDEO）的蒂姆·布朗（Tim Brown）、蓬托斯·沃尔格伦（Pontus Wahlgren）、乔·杰博兹（Joe Gerberds）……以及来自埃森哲咨询公司（Accenture）、USAA金融服务集团、声破天流媒体音乐平台（Spotify）、先锋集团（Vanguard）、脸书、好事达保险（Allstate）、普立思集团（Publicis Groupe）、ThoughtWorks软件咨询公司、博思艾伦汉密尔顿控股公司（Booz Allen Hamilton）以及勤达睿等公司的很多人，是他们在过去的十年里给予我们灵感、鼓励和支持。

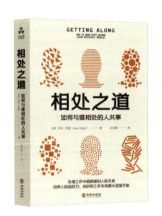

《相处之道：如何与难相处的人共事》

ISBN：978-7-5169-2581-2
定 价：69.00 元

本书介绍了八种难相处的同事类型，让你深刻了解各类同事的心理和动机，找到适合自己的相处方式，轻松处理与任何同事之间的冲突。

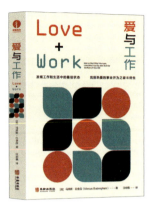

《爱与工作》

ISBN：978-7-5169-2582-9
定 价：69.00 元

发现自己在工作和生活中的最佳状态，找到热爱的事业并为之奋斗终生。
华尔街日报畅销书，哈佛商业评论出版社 2022 年度重磅新书。

《沟通的技巧：故事的魔力》

ISBN：978-7-5043-8999-2
定 价：89.00 元

会讲故事是一个人的核心能力，也是一个公司的核心竞争力。爱彼迎、德芙、网飞、苹果、沃尔玛、亚马逊等公司都在运用的故事理念。

《终身成长：未来职场的 7 大核心竞争力》

ISBN：978-7-5043-8802-5
定 价：49.00 元

深度认知，敏捷工作，为数字化职场全面赋能！从认知到意识，重新审视数字化世界，个体在信息洪流时代的生存指南。七大核心竞争力进化，解决职场成长、提升人生幸福感的积极解决方案。